# ŒUVRES
## COMPLÈTES
# DE CONDILLAC.

TOME VI.

A PARIS,

Chez
{
Gratiot, cul-de-sac Pecquay, rue des Blancs-Manteaux.
Houel, rue du Bacq, N°. 940.
Guillaume, rue de l'Eperon, N°. 12.
Pougin, rue des Pères, N°. 61.
Gide, place St.-Sulpice.
}

Et A STRASBOURG,
Chez Levrault, libraire.

# ŒUVRES DE CONDILLAC

Revues, corrigées par l'Auteur, imprimées sur ses manuscrits autographes, et augmentées de La Langue des Calculs, ouvrage posthume.

## COURS D'ÉTUDES

### POUR L'INSTRUCTION DU PRINCE DE PARME

L'ART DE PENSER.

A PARIS,

DE L'IMPRIMERIE DE CH. HOUEL.

AN VI. — 1798. (E. vulg.)

# DE L'ART DE PENSER.

Le germe de l'art de penser est dans nos sensations : les besoins le font éclore, le développement en est rapide, et la pensée est formée presqu'au moment qu'elle commence : car sentir des besoins, c'est sentir des désirs, et dès qu'on a des désirs, on est doué d'attention et de mémoire : on compare, on juge, on raisonne. Vous voyez donc, Monseigneur, que la pensée se compose tout-à-coup de toutes les facultés dont nous avons fait l'analyse : mais ces facultés ont, dans les commencemens, peu d'exercice; et la pensée, foible encore, a besoin de croître et de se fortifier.

<small>Il faut à la pensée, de l'accroissement, de la nourriture et de l'action.</small>

Trois choses sont nécessaires dans un animal aux progrès de son accroissement et de ses forces. Premièrement, il faut qu'il soit organisé pour croître et pour se fortifier : en second lieu, il faut qu'il se nourrisse d'alimens sains : enfin, il faut qu'il agisse, souvent jusqu'à se fatiguer, et qu'il ne prenne du repos que pour agir encore.

Ainsi la pensée croît et se fortifie, parce qu'elle est en quelque sorte organisée pour croître et pour se fortifier, parce qu'elle se nourrit, et parce qu'elle agit.

Elle a dans les organes mêmes des sensations, tout ce qui la rend propre à prendre de l'accroissement et des forces : il ne lui faut plus que de la nourriture et de l'action.

Les connoissances en sont l'aliment : mais au défaut de connoissances, elle se nourrit d'idées vagues, d'opinions, de préjugés et d'erreurs; et alors elle se fortifie comme un animal qu'on nourriroit avec des alimens mal-sains et empoisonnés. Toujours foible, toujours incapable d'action, uniquement mue par des impressions étrangères, elle reste comme enveloppée dans les organes, et elle se trouve embarrassée de ses facultés qu'elle ne sait pas conduire.

Cette inertie, telle que je la dépeins, ne peut, à la vérité, avoir lieu que lorsque nous supposons des hommes tout-à-fait imbécilles. Dans les autres, la pensée a nécessairement pris des forces, puisqu'ils ont acquis des connoissances : cependant la diff'rence n'est que du plus au moins. Si on n'est pas tout-à-fait imbécille, on peut l'être à certains égards ; et on l'est, toutes les fois que la pensée se nourrit sans choix de tout ce qui s'offre à elle, et que passive plutôt qu'active, elle se meut au hasard. Il faut donc s'assurer des connoissances qui sont l'aliment sain de la pensée ; il faut étudier les facultés dont l'action est nécessaire au progrès de ses forces ; et quand nous saurons comment elle doit se nourrir, comment elle doit agir, comment elle doit se conduire, nous connoîtrons l'art de penser. Vous en savez, Monseigneur, déjà quelque chose : mais il nous reste encore des observations à faire sur l'origine et la génération des idées, sur les facultés de l'entendement et sur la méthode. Ce sera le sujet de cet ouvrage.

# PREMIÈRE PARTIE.

## De nos idées et de leurs causes.

### CHAPITRE PREMIER.

*De l'ame, suivant les différens systêmes où elle peut se trouver.*

<small>Nos sensations sont l'origine de toutes nos connoissances.</small>  Quel que soit l'objet de notre pensée, ce n'est jamais qu'elle que nous appercevons, et nous trouvons, dans nos sensations, l'origine de toutes nos connoissances et de toutes nos facultés.

<small>Nos besoins sont la cause de leur développement et de leur progrès.</small>  Il seroit inutile de demander quelle est la nature de nos sensations : nous n'avons aucun moyen pour faire cette recherche : nous ne les connoissons que parce que nous les éprouvons. C'est un principe dont nous ne pouvons pas découvrir la cause, mais dont nous pouvons observer les effets. Il doit son activité aux besoins auxquels nous

sommes assujettis ; et sa fécondité aux circonstances par où nous passons, et qui augmentent le nombre de nos besoins. Les plus favorables sont celles qui nous offrent des objets plus propres à exercer notre réflexion. Les grandes circonstances où se trouvent ceux qui gouvernent les hommes, sont, par exemple, une occasion de se faire des vues fort étendues ; et celles qui se répètent continuellement dans le grand monde, donnent cette sorte d'esprit qu'on appelle naturel, parce qu'on ne remarque pas les causes qui le produisent.

Le péché originel a rendu l'ame si dépendante du corps, que bien des philosophes, confondant ces deux substances, ont cru que la première n'est que ce qu'il y a dans le corps de plus délié, de plus subtil, et de plus capable de mouvement : mais ces philosophes ne raisonnent pas ; ils imaginent seulement quelque chose, et chaque mot qu'ils prononcent prouve qu'ils se font des idées peu exactes. Leur suffit-il de subtiliser le corps pour comprendre qu'il est le sujet de la pensée ? Sur quoi se fondent-ils, lorsqu'ils assurent

<small>Mauvais raisonnemens des philosophes qui attribuent à la matière la faculté de penser.</small>

que des parties de matière, pour être plus subtiles, en sont plus capables de mouvement ? et quel rapport peuvent-ils trouver entre être mu et penser ? Qu'est-ce encore que des parties subtiles ? Y a-t-il des corps subtils en soi ? et ceux qui nous échappent aujourd'hui ne seroient-ils pas grossiers si nous avions d'autres organes ? Enfin qu'est-ce qu'un amas, un assemblage de parties subtiles ? Un amas, un assemblage ! est-ce une chose qui existe ? Non, sans doute : l'existence ne convient qu'aux parties subtiles, qu'on suppose amassées ou assemblées. Par conséquent attribuer la faculté de penser à un amas, c'est l'attribuer à quelque chose qui n'existe pas.

Comme les philosophes donnent cette faculté à quelque chose qui n'existe pas, il leur arrive encore d'entendre, par le mot *pensée*, une chose qui n'existe pas davantage. De quelle couleur est la pensée, demandent-ils, pour être entrée dans l'ame par la vue ? De quelle odeur, pour être entrée par l'odorat ? Est-elle d'un son grave ou aigu pour être entrée par l'ouïe, etc. ? Ils ne feroient pas ces questions, si, par le mot *pensée*, ils entendoient telle ou telle sensation, telle ou telle idée : mais ils considèrent la pensée d'une manière abstraite et générale ; et ils en concluent avec raison que cette pensée n'appartient à aucun sens : c'est ainsi que l'homme, en général, n'appartient à aucun pays.

Quand on raisonne sur des idées aussi vagues, on ne prouve rien. Cependant on voit confusément quelque rapport entre une pensée abstraite qui échappe aux sens, et une matière subtile qui leur échappe également, et aussitôt le mot *amas*, qui n'est lui-même qu'un terme abstrait, paroît montrer le sujet de cette pensée abstraite. Sans songer donc à se rendre un compte exact des raisonnemens qu'on fait, on dit, *un amas de matière subtile peut penser.*

Nous avons mis plus de précision dans nos raisonnemens, lorsque nous avons considéré la pensée dans chaque sensation. En effet, pour démontrer que le corps ne pense pas, il suffit d'observer qu'il y a en nous quelque chose qui compare les perceptions qui nous viennent par les sens. Or ce n'est certainement pas la vue qui compare les

> C'est seulement dans l'état actuel que les sens ont la cause de nos connoissances, et ils n'en sont que la cause occasionnelle.

sensations qu'elle a avec celles de l'ouïe qu'elle n'a pas. Il en faut dire autant de l'ouïe, autant de l'odorat, autant du goût, autant du toucher. Toutes ces sensations ont donc en nous un point où elles se réunissent. Mais ce point ne peut être qu'une substance simple, indivisible, une substance distincte du corps, une ame, en un mot.

L'ame étant distincte et différente du corps, celui-ci ne peut être que cause occasionnelle de ce qu'il paroît produire en elle. D'où il faut conclure que nos sens ne sont qu'occasionnellement la source de nos connoissances. Mais ce qui se fait à l'occasion d'une chose peut se faire sans elle, parce qu'un effet ne dépend de sa cause occasionnelle que dans une certaine hypothèse. L'ame peut donc absolument, sans le secours des sens, acquérir des connoissances. Avant le péché, elle étoit dans un système tout différent de celui où elle se trouve aujourd'hui. Exempte d'ignorance et de concupiscence, elle commandoit à ses sens, en suspendoit l'action, et la modifioit à son gré. Elle avoit donc des idées antérieures à l'usage des sens. Mais les choses ont changé par sa désobéissance. Dieu lui a ôté tout cet empire : elle est devenue aussi dépendante des sens que s'ils étoient la cause proprement dite de ce qu'ils ne font qu'occasionner; et il n'y a plus pour elle de connoissances que celles qu'ils lui transmettent. De là l'ignorance et la concupiscence. C'est cet état de l'ame que je me propose d'étudier; le seul qui puisse être l'objet de la philosophie, puisque c'est le seul que l'expérience fait connoître. Ainsi quand je dirai *que nous n'avons point d'idées qui ne nous viennent des sens,* il faut bien se souvenir que je ne parle que de l'état où nous sommes depuis le péché. Cette proposition, appliquée à l'ame dans l'état d'innocence, ou après sa séparation du corps, seroit tout-à-fait fausse. Je ne traite pas des connoissances de l'ame dans ces deux derniers états, parce que je ne sais raisonner que d'après l'expérience. D'ailleurs s'il nous importe beaucoup, comme on n'en sauroit douter, de connoître les facultés, dont Dieu, malgré le péché de notre premier père, nous a con-

servé l'usage, il est inutile de vouloir deviner celles qu'il nous a enlevées, et qu'il ne doit nous rendre qu'après cette vie.

*C'est aussi uniquement dans l'état actuel que nous pouvons nous observer.*

Je me borne donc, encore un coup, à l'état présent. Ainsi il ne s'agit pas de considérer l'ame comme indépendante du corps, puisque sa dépendance n'est que trop bien constatée, ni comme unie à un corps dans un système différent de celui où nous sommes. Notre unique objet doit être de consulter l'expérience, et de ne raisonner que d'après des faits que personne ne puisse révoquer en doute.

*L'ame, après la dissolution du corps, conserve toutes ses facultés.*

Si on objecte que, dans la supposition où toutes nos idées et toutes nos facultés naissent des sensations, il s'ensuit que la dissolution du corps enlève à l'ame toutes ses idées et toutes ses facultés, je réponds que le système dans lequel elle jouit aujourd'hui d'une liberté qui la rend capable de mérite et de démérite, démontre qu'elle existera dans un autre système, où elle se trouvera avec toutes ses facultés, pour être récompensée ou pour être punie. Alors Dieu suppléera au défaut des sens par des moyens qui nous sont inconnus. Assurés par la foi et par la raison, de l'immortalité de l'ame, nous ne devons pas porter notre curiosité plus loin : ce n'est pas à nous à pénétrer dans les voies du créateur.

L'hypothèse des idées innées a la même difficulté à résoudre. Car, dans l'impuissance où nous sommes de découvrir en nous des idées où les sensations n'entrent pour rien, on est obligé de reconnoître que l'ame ne porte son attention sur les idées prétendues innées, qu'autant qu'elle y est déterminée par l'action des sens. Quand elle sera séparée du corps, elle n'exercera donc plus son attention, et ne l'exerçant plus, ses idées seront pour elle comme si elles n'existoient pas.

Ainsi, quelque sentiment qu'on embrasse sur l'origine de nos connoissances, il faut reconnoître trois états différens par rapport à l'ame. L'un, où elle commandoit aux sens, et où elle avoit des idées qu'elle ne devoit qu'à elle; l'autre, dans lequel, selon moi, elle tire toutes ses connoissances et toutes ses facultés des sensations, ou du moins dans lequel elle a besoin, selon d'autres, de l'usage des sens, pour porter

*Trois états différens par rapport à l'ame.*

son attention sur ces idées qu'on suppose innées. C'est celui où nous nous trouvons, et c'est le seul sur lequel nous puissions raisonner. Le troisième enfin est celui où elle sera après cette vie. La foi le promet, la raison le prouve, et nous ne devons pas le soumettre à nos conjectures.

## CHAPITRE II.

*De la cause des erreurs des sens.*

Dès la naissance de la philosophie, on a déclamé contre les sens; et parce qu'ils nous font tomber dans des méprises, on a conclu que nous ne saurions leur devoir aucune de nos connoissances. Ce qu'il y a de vrai, c'est qu'ils sont à-la-fois une source de vérités et une source d'erreurs; il ne s'agit que d'en savoir faire usage.

<small>Ce ne sont pas nos sens qui nous trompent, ce sont des jugemens que nous formons d'après des idées qu'ils ne nous donnent pas.</small>

Il est d'abord bien certain que rien n'est plus clair et plus distinct que notre perception, quand nous éprouvons quelques sensations. Quoi de plus clair que les perceptions de son, de couleur et de solidité? Quoi de plus distinct? Nous est-il jamais arrivé de confondre deux de ces choses? Mais si nous en voulons rechercher la nature, et savoir comment elles se produisent en nous, il ne faut pas dire que nos sens nous trompent, ou qu'ils nous donnent des idées obscures et confuses: la moindre réflexion fait voir qu'ils n'en donnent aucune. Nous ne connoissons ni la nature de nos organes, ni celle des objets qui agissent sur eux, ni le rapport qui peut se trouver entre un mouvement dans le corps et un sentiment dans l'ame : si nous nous trompons en jugeant de ces choses, ce ne sont pas les sens qui nous égarent, c'est que nous jugeons d'après des idées vagues qu'ils ne nous donnent pas, et qu'ils ne peuvent nous donner.

De même accoutumés de bonne heure à nous dépouiller de nos sensations pour en revêtir les objets, nous ne nous bornons pas à juger que nous avons des sensations, nous jugeons encore qu'elles sont hors de nous. Mais cette erreur n'est que dans les jugemens dont nous nous sommes fait une habitude.

Elle ne porte que sur des idées confuses, puisque nous ne saurions concevoir dans les objets quelque chose de semblable à ce que nous éprouvons.

*Les sens ne nous font pas connoître la nature des choses qui sont hors de nous.*

En effet, qu'est-ce que cette étendue dont on pense que les sens donnent une idée si exacte? Peut-on chercher à s'en rendre raison, et ne pas s'appercevoir que l'idée en est tout-à-fait obscure? C'est, dit-on, ce qui a des parties les unes hors des autres. Mais ces parties elles-mêmes sont-elles étendues? Comment le sont-elles? Ne le sont-elles pas? comment produisent-elles le phénomène de l'étendue (1)?

L'ordre de nos sensations nous met continuellement dans la nécessité de sortir hors de nous; il démontre que nous existons au milieu d'une multitude infinie d'êtres différens : mais cet ordre ne fait pas connoître la nature de ces êtres; il n'offre que les phénomènes qui résultent de nos sensations; phénomènes qui correspondent au système des êtres réels dont cet univers est formé.

Si nous passons à la grandeur des corps, nous n'en avons point d'idée absolue: nous ne saisissons entre eux que des rapports; encore les connoissons-nous imparfaitement. Nous ne pouvons même juger sûre-

*Comment ils nous donnent des idées.*

---

(1) Ce sont ces considérations qui ont fait penser à Leibnitz que l'étendue est un phénomène de la même espèce que ceux de son, de couleur, etc.

ment de leur figure. Je ne m'arrêterai pas à démontrer les erreurs où nous tombons à ce sujet : elles sont parfaitement démêlées dans la *recherche de la vérité*. Mais quoique nous ne puissions juger ni de la véritable figure d'un corps, ni de sa grandeur absolue, les sens nous donnent cependant des idées de grandeur et de figure. Je ne sais pas si cette ligne est droite, mais je la vois droite : je ne sais pas si ce corps est quarré, mais je le vois quarré : j'ai donc, par les sens, les idées de quarré et de ligne droite. Il en faut dire autant de toutes sortes de figures.

Ainsi, quelle que soit la nature de nos sensations, de quelque manière qu'elles se produisent, si nous y cherchons l'idée de l'étendue, celle d'une ligne, d'un angle, etc., il est certain que nous l'y trouverons très-clairement et très-distinctement. Si nous cherchons encore à quoi nous rapportons cette étendue et ces figures, nous appercevrons aussi clairement et aussi distinctement que ce n'est pas à nous, ou à ce qui est en nous le sujet de la pensée, mais à quelque chose hors de nous.

Il y a donc trois choses à distinguer dans nos sensations : 1°. La perception que nous éprouvons. 2°. Le rapport que nous en faisons à quelque chose hors de nous. 3°. Le jugement que ce que nous rapportons aux choses leur appartient en effet.

*Trois choses à distinguer dans nos sensations.*

Il n'y a ni erreur, ni obscurité, ni confusion dans ce qui se passe en nous, non plus que dans le rapport que nous en faisons au-dehors. Si nous réfléchissons, par exemple, que nous avons les idées d'une certaine grandeur et d'une certaine figure, et que nous les rapportons à tel corps, il n'y a rien là qui ne soit vrai, clair et distinct. Voilà où toutes les vérités ont leur source. Si l'erreur survient, ce n'est qu'autant que nous jugeons que telle grandeur et telle figure appartiennent, en effet, à tel corps. Si, par exemple, je vois de loin un bâtiment quarré, il me paroîtra rond. Y a-t-il donc de l'obscurité et de la confusion dans l'idée de rondeur, ou dans le rapport que j'en fais ? Non : je juge ce bâtiment rond, voilà l'erreur.

*Idées claires et distinctes qu'elles renferment.*

Quand je dis donc que toutes nos con-

*Ces idées sont la source de tout.*

nos connoissances. noissances viennent des sens, il ne faut pas oublier que ce n'est qu'autant qu'on les tire de ces idées claires et distinctes qu'ils renferment. Il est évident que j'ai l'idée d'un triangle, lors même que je ne puis pas assurer qu'un corps que je vois et que je touche est en effet triangulaire. Ainsi, pour dissiper l'obscurité et l'incertitude des idées sensibles, nous n'avons qu'à les considérer en faisant abstraction des corps : alors nous trouverons dans nos sensations des idées exactes de grandeur, de figure, leurs rapports et toutes les connoissances des mathématiques. D'autres abstractions nous feront découvrir dans nos sensations, les idées de devoir, de vertu, de vice et toute la science de la morale, etc.

Deux sortes de vérités. La vérité n'est qu'un rapport apperçu entre deux idées ; et il y a deux sortes de vérités. Quand je dis, *cet arbre est plus grand que cet autre*, je porte un jugement qui peut cesser d'être vrai, parce que le plus petit peut devenir le plus grand. Il en est de même de tous nos jugemens, lorsque nous nous bornons à observer des qualités qui ne sont pas essentielles aux choses. Ces sortes de vérités se nomment *contingentes*.

Mais ce qui est vrai, ne peut cesser de l'être, lorsque nous raisonnons sur des qualités essentielles aux objets que nous étudions. L'idée d'un triangle représentera éternellement un triangle ; l'idée de deux angles droits représentera éternellement deux angles droits : il sera donc toujours vrai que les trois angles d'un triangle sont égaux à deux droits. Voilà tout le mystère des vérités, qu'on appelle *nécessaires* et *éternelles*. C'est par le moyen de quelques abstractions que les sens nous en donnent la connoissance.

Il y a des différences à remarquer entre les idées confuses et les idées distinctes, entre les vérités contingentes et les vérités nécessaires.

*Observations sur les idées confuses et sur les idées distinctes, sur les vérités contingentes et sur les vérités nécessaires.*

Premièrement, les idées confuses et les vérités contingentes sont plus sensibles; et cela n'est pas étonnant, puisqu'elles sont telles que les sens nous les donnent lorsque nous ne faisons point d'abstraction. Les idées distinctes et les vérités nécessaires sont moins sensibles, parce que nous ne les acquérons qu'en formant des abstractions, c'est-à-dire, en ne donnant notre attention qu'à une partie des idées que les sens transmettent.

En second lieu, les idées distinctes et les vérités nécessaires nous sont bien moins familières que les idées confuses et les vérités contingentes : la raison en est sensible. Celles-ci sont continuellement renouvelées par les sens ; elles nous frappent par plus d'endroits ; et comme elles sont destinées à nous éclairer sur nos besoins les plus pressans, elles offrent communément des degrés plus vifs de plaisir ou de peine, elles intéressent davantage. Mais celles-là ne sont entretenues que par les efforts qu'on fait pour se soustraire à une partie des impressions des sens; elles nous touchent par moins d'endroits. La curiosité, l'envie de se distinguer par des connoissances, motifs qui soutiennent dans ces recherches, sont des besoins que peu d'hommes connoissent. Ceux mêmes qui les sentent davantage, sont encore plus sensibles à d'autres besoins; et ils se voient souvent arrachés à leurs méditations, par l'empire que les sens exercent sur eux.

Il faut donc s'accoutumer de bonne heure

avec ces sortes d'idées, si l'on veut se les rendre familières, et il faut s'en occuper souvent.

En troisième lieu, les idées confuses, et les vérités contingentes, quoique suffisantes pour nous éclairer sur ce que nous devons fuir et rechercher, ne répandent qu'une lumière bien foible. Elles n'offrent que des rapports vagues, elles n'apprécient rien. Mais l'objet de notre conservation ne demande pas des connoissances plus exactes: nous sentons, c'est assez pour nous conduire.

Les idées distinctes et les vérités nécessaires nous présentent, au contraire, des connoissances exactes et des rapports appréciés. Elles dévoilent l'essence des choses qu'elles considèrent, elles en développent les propriétés. C'est ce qu'on voit en mathématiques, en morale, et en métaphysique. Mais l'objet de ces sciences est abstrait.

Nous n'avons aucun moyen pour pénétrer dans la nature des substances. Nous ne le pouvons pas avec le secours des sens, puisqu'ils ne nous font voir que des amas de qualités, qui supposent toutes quelque chose que nous ne connoissons pas : nous ne le pouvons pas avec le secours des abstractions, qui n'ont d'autre avantage, que de nous faire observer l'une après l'autre les qualités que les sens nous offrent à-la-fois. Si nous voulons juger des essences des choses sensibles, nous ne pouvons donc que nous tromper.

## CHAPITRE III.

*De la connoissance que nous avons de nos perceptions.*

LES objets agiroient inutilement sur les sens, et l'ame n'en prendroit jamais connoissance, si elle n'en avoit pas la perception. Ainsi le premier et le moindre degré de connoissance, c'est d'appercevoir. Premier degré de connoissance.

Mais puisque la perception ne vient qu'à la suite des impressions qui se font sur les sens : il est certain que ce premier degré de connoissance doit avoir plus ou moins d'étendue, selon qu'on est organisé pour recevoir plus ou moins de sensations différentes. Prenez des créatures qui soient privées de la vue, d'autres qui le soient de la vue et de l'ouïe, et ainsi successivement; vous aurez bientôt des créatures qui, étant privées de tous les sens, ne recevront aucune connoissance. Supposez, au contraire, s'il est possible, de nouveaux sens dans des animaux plus parfaits que l'homme. Que de percep- Comment il peut être plus ou moins étendu.

tions nouvelles! Par conséquent, combien de connoissances à leur portée, auxquelles nous ne saurions atteindre, et sur lesquelles nous ne saurions même former des conjectures.

<small>Comment des perceptions, que nous ne remarquons pas influent dans notre conduite.</small>

On seroit naturellement porté à croire que nous ne sommes pas toujours avertis de la présence des perceptions qui se font en nous; c'est que souvent nous le sommes si foiblement, qu'à peine nous souvenons-nous de les avoir éprouvées. Il nous arrive même de les oublier tout-à-fait, et ce n'est qu'en réfléchissant sur les situations où nous nous sommes trouvés, que nous jugeons des impressions qu'elles ont dû faire sur notre ame. Or si par la conscience d'une perception on entend une connoissance réfléchie qui en fixe le souvenir, il est évident que la plupart de nos perceptions échappent à notre conscience: mais si on entend par-là une connoissance, qui, quoique trop légère pour laisser des traces après elle, est cependant capable d'influer, et influe en effet sur notre conduite, au moment que la perception se fait éprouver, il n'est pas douteux que nous n'ayons conscience d'une multitude de perceptions qui paroissent ne pas nous avertir de leur présence. Des exemples éclairciront ma pensée.

Que quelqu'un soit dans un spectacle, où une multitude d'objets paroissent se disputer ses regards, son ame sera assaillie de quantité de perceptions dont il est constant qu'elle prend connoissance, mais peu-à-peu quelques-unes lui plairont et l'intéresseront davantage : il s'y livrera donc plus volontiers. Dès-lors il commencera à être moins affecté par les autres : la conscience en diminuera même insensiblement, jusqu'au point que, quand il reviendra à lui, il ne se souviendra pas d'en avoir pris connoissance : l'illusion qui se fait au théâtre en est la preuve. Il y a des momens où la conscience ne paroît pas se partager entre l'action qui se passe et le reste du spectacle. Il sembleroit d'abord que l'illusion devroit être d'autant plus vive, qu'il y auroit moins d'objets capables de distraire : cependant chacun a pu remarquer qu'on n'est jamais plus porté à se croire le seul témoin d'une scène intéressante, que quand le spectacle est bien rempli. C'est peut-être que le nombre, la variété, et la magnificence des objets remuent les sens, échauffent, élèvent l'imagination, et par-là nous rendent plus propres aux impressions que le poëte veut faire naître. Peut-être encore que les spectateurs se portent mutuellement, par l'exemple qu'ils se donnent, à fixer la vue sur la scène. Quoi qu'il en soit, il me semble que l'illusion se détruiroit ou diminueroit sensiblement, si les objets dont on ne croit pas s'appercevoir, cessoient d'y concourir.

Qu'on réfléchisse sur soi-même au sortir d'une lecture, il semblera qu'on n'a eu conscience ou qu'on n'a été averti que des idées qu'elle a fait naître. Mais on ne se laissera pas tromper par cette apparence, si on fait réflexion que, sans la conscience de la perception des lettres, on n'en auroit point eu de celle des mots, ni, par conséquent, de celle des idées.

<small>Nous ne remarquons pas le plus grand nombre de nos perceptions.</small> Non-seulement nous oublions ordinairement une partie de nos perceptions, mais quelquefois nous les oublions toutes. Quand nous ne fixons point notre attention, en sorte que nous recevons les perceptions qui

se produisent en nous, sans être plus avertis des unes que des autres, la conscience en est si légére, que si l'on nous retire de cet état, nous ne nous souvenons pas d'en avoir éprouvé. Je suppose qu'on me présente un tableau fort composé, dont, à la première vue, les parties ne me frappent pas plus vivement les unes que les autres, et qu'on me l'enlève avant que j'aie eu le temps de le considérer en détail, il est certain qu'il n'y a aucune de ses parties sensibles, qui n'ait produit en moi des perceptions ; mais la conscience en a été si foible, que je ne puis m'en souvenir. Cet oubli ne vient pas de leur peu de durée : quand on supposeroit que j'ai eu, pendant long-temps, les yeux attachés sur ce tableau ; pourvu qu'on ajoute que je n'ai pas rendu tour-à-tour plus vive la conscience des perceptions de chaque partie, je ne serai pas plus en état, au bout de plusieurs heures, d'en rendre compte, qu'au premier instant.

Ce qui se trouve vrai des perceptions qu'occasionne ce tableau, doit l'être par la même raison de celles que produisent les objets qui m'environnent. Si agissant sur les sens avec des forces presqu'égales, ils produisent en moi des perceptions toutes à-peu-près dans un pareil degré de vivacité; et si mon ame se laisse aller à leur impression sans chercher à avoir plus conscience d'une perception que d'une autre, il ne me restera aucun souvenir de ce qui s'est passé en moi. Il me semblera que mon ame a été pendant tout ce temps dans une espèce d'assoupissement, où elle n'étoit occupée d'aucune pensée. Que cet état dure plusieurs heures, ou seulement quelques secondes, je n'en saurois remarquer la différence dans la suite des perceptions que j'ai éprouvées, puisqu'elles sont également oubliées dans l'un et l'autre cas. Si même on le faisoit durer des jours, des mois, ou des années, il arriveroit que quand on en sortiroit par quelque sensation vive, on ne se rappelleroit plusieurs années que comme un moment.

Enfin nous ne remarquons pas que nous sommes avertis de la présence de la plupart des perceptions qui règlent les actions que nous faisons par habitude. Elles sont en nous, et notre réflexion n'a point de prise sur elles. La conscience de nos perceptions n'est donc plus ou moins vive, qu'à proportion qu'elles attirent plus particulièrement notre attention; combien de fois ne fermons-nous pas la paupière, sans remarquer que nous sommes dans les ténèbres?

Les perceptions que nous n'avons pas remarquées paroîtroient devoir être, par rapport à nous, comme si nous ne les avions pas eues, et cela est vrai sans doute du plus grand nombre; mais certainement cela ne l'est pas de celles qui ont influé sur notre conduite. Comment aurois-je pu lire, si, lorsque je lisois, la perception des lettres, parce que je ne la remarquois pas, avoit été pour moi comme si je ne l'avois pas eue? {.sidenote}Comment nos habitudes sont le produit de plusieurs jugemens que nous ne remarquons pas.{.sidenote}

Mais cette perception que je ne remarque pas aujourd'hui, que j'ai l'habitude de lire, je l'ai remarquée lorsque j'ai voulu contracter cette habitude; et je l'ai remarquée bien des fois, puisque cette habitude ne s'est pas acquise en un instant.

Lorsque je remarquois la perception de

chaque lettre, je jugeois que tel caractère étoit le signe de tel son; et je portois d'autres jugemens lorsque je formois des syllabes et des mots, et lorsque je marquois le repos pour entendre ce que je lisois. C'est à force de répéter ces jugemens que j'ai contracté l'habitude de lire; et, quoiqu'aujourd'hui je ne les remarque plus, ils se répètent encore, puisque je lis; mais ils se répètent à mon insu. Voilà donc ce que c'est qu'une habitude, c'est une suite de jugemens qui se font en nous, en quelque sorte sans nous, et que nous avons d'abord faits nous-mêmes lentement, à bien des reprises et avec réflexion.

Ainsi comme il y a hors de nous beaucoup de choses que nous voyons et que nous ne remarquons pas, il y en a aussi beaucoup en nous que nous appercevons, puisqu'elles influent dans notre conduite, et que nous ne remarquons pas davantage. Quelle en peut être la cause, demandera-t-on? Je réponds que tout le monde l'apperçoit, mais on ne la remarque pas.

En effet, il n'y a personne qui ne sache

qu'il y a une différence entre voir et regarder. On voit en même temps toutes les choses qui font à-la-fois impression sur la vue, et on regarde un objet sur lequel on dirige ses yeux pour le voir exclusivement.

Or quand vous avez vu sans regarder, si vous fermez les yeux, vous êtes comme si vous n'aviez rien vu. Si, au contraire, vous regardez, vous remarquez des objets, vous n'êtes plus comme si vous n'aviez rien vu, et vous vous les représentez lorsque vous fermez les yeux.

C'est donc parce que nous ne savons pas nous regarder, que nous ne remarquons pas tout ce que nous appercevons en nous; et, par conséquent, c'est parce que nous nous regardons mal, que nous supposons en nous ce qui n'y est pas, et que nous ne voyons pas ce qui y est; en un mot, nous jugeons mal de nos habitudes et de nos facultés, comme nous jugeons mal des tableaux, quand nous n'avons pas appris, je ne dis pas à les voir, mais à les regarder.

Il ne suffit donc pas d'avoir des sensations pour avoir des idées, et nous n'avons des idées qu'autant que nous remarquons nos sensations. Pour se faire, par exemple, des idées par la vue, il faut regarder, et ce ne seroit pas assez de voir.

## CHAPITRE IV.

### Des perceptions que nous pouvons nous rappeler.

Il ne dépend pas de nous de réveiller toujours les perceptions que nous avons éprouvées, et dont nous avons eu une conscience assez vive pour en fixer le souvenir. Il y a des occasions où tous nos efforts se bornent à en rappeler le nom, quelques-unes des circonstances qui les ont accompagnées, et une idée abstraite de perception : idées que nous pouvons former à chaque instant, parce que nous ne pensons jamais sans avoir conscience de quelque perception qu'il ne tient qu'à nous de généraliser. Qu'on songe, par exemple, à une fleur dont l'odeur est peu familière ; on s'en rappellera le nom ; on se souviendra des circonstances où on l'a vue ; on s'en représentera le parfum sous l'idée générale d'une perception qui affecte l'odorat ; mais on n'en réveillera pas la perception même.

*Perceptions qu'on ne rappelle que d'une manière confuse.*

*Les idées d'étendue se réveillent facilement.*

Les idées d'étendue sont celles que nous réveillons le plus aisément, parce que les sensations d'où nous les tirons sont telles que, tant que nous veillons, il nous est impossible de nous en séparer. Le goût et l'odorat peuvent n'être point affectés; nous pouvons n'entendre aucun son, et ne voir aucune couleur; mais il n'y a que le sommeil qui puisse nous enlever les perceptions du toucher. Il faut absolument que notre corps porte sur quelque chose, et que ses parties pèsent les unes sur les autres. De-là naît une perception qui nous les présente comme distinctes et contigües, et qui, par conséquent, emporte l'idée de quelque étendue.

*En conséquence les idées des figures peu composées, se réveillent avec la même facilité.*

Or, cette idée, nous pouvons la généraliser, en la considérant d'une manière indéterminée. Nous pouvons ensuite la modifier, et en tirer, par exemple, l'idée d'une ligne droite ou courbe. Mais nous ne saurions réveiller exactement la perception de la grandeur d'un corps, parce que nous n'avons point là-dessus d'idée absolue, qui puisse nous servir de mesure fixe. Dans ces occasions, l'esprit ne se rap-

pelle que le nom de pied, de toise, etc.,
avec une idée de grandeur plus ou moins
vague.

Avec le secours de ces premières idées  *Celles des figu-*
nous pouvons, en l'absence des objets,  *res fort composées*
                                        *ne se réveillent*
nous représenter exactement les figures les *pas; on ne s'en*
                                        *rappelle que les*
plus simples : tels sont des triangles et des *noms.*
quarrés ; mais, que le nombre des côtés
augmente considérablement, nos efforts
deviennent superflus. Si je pense à une
figure de mille côtés, et à une de neuf
cent quatre-vingt-dix-neuf, ce n'est pas
par des perceptions que je les distingue,
ce n'est que par les noms que je leur ai
donnés. Il en est de même de toutes les
notions complexes : chacun peut remarquer que, quand il en veut faire usage,
il ne s'en retrace que les noms. Pour les
idées simples qu'elles renferment, il ne
peut les réveiller que l'une après l'autre,
et qu'autant que la curiosité, ou quelqu'autre besoin y détermine son attention.

L'imagination s'aide naturellement de  *Secours dont*
                                        *s'aide l'imagina-*
tout ce qui peut lui être de quelque se-  *tion.*
cours : ce sera par comparaison avec notre
propre figure, que nous nous représente-

rons celle d'un ami absent ; et nous l'imaginerons grand ou petit, parce que nous en mesurons, en quelque sorte, la taille avec la nôtre. Mais l'ordre et la symétrie sont principalement ce qui aide l'imagination, parce qu'elle y trouve différens points auxquels elle se fixe, et auxquels elle rapporte le tout. Que je songe à un beau visage, les yeux ou d'autres traits qui m'auront le plus frappé, s'offriront d'abord ; et ce sera relativement à ces premiers traits que les autres viendront prendre place dans mon imagination. On imagine donc plus aisément une figure, à proportion qu'elle est plus régulière. On pourroit même dire qu'elle est plus facile à voir ; car le premier coup-d'œil suffit pour s'en former une idée. Si, au contraire, elle est fort irrégulière, on n'en viendra à bout qu'après en avoir long-temps considéré les différentes parties.

*Idées qui ne se réveillent qu'autant qu'elles sont fort familières.* Quand les objets qui occasionnent les sensations de goût, de son, de couleur et de lumière sont absens, il ne reste point en nous de perceptions que nous puissions modifier, pour en faire quelque chose de semblable à la couleur, à l'odeur et au goût, par exemple, d'une orange. Il n'y a point non plus d'ordre, de symétrie qui vienne ici au secours de l'imagination. Ces idées ne peuvent donc se réveiller qu'autant qu'on se les est rendu familières. Par cette raison, celles de la lumière et des couleurs doivent se retracer le plus aisément; ensuite celles des sons. Quant aux odeurs et aux saveurs, on ne réveille que celles pour lesquelles on a un goût plus marqué. Il reste donc bien des perceptions dont on peut se souvenir, et dont cependant on ne se rappelle que les noms. Combien de fois même cela n'a-t-il pas lieu par rapport aux plus familières, surtout dans la conversation, où l'on se contente souvent de parler des choses sans les imaginer?

## CHAPITRE V.

*De la liaison des idées et de ses effets.*

<small>Les besoins déterminent notre attention.</small>

LA liaison de plusieurs idées ne peut avoir d'autre cause que l'attention que nous leur avons donnée, quand elles se sont présentées ensemble. Or les choses attirent notre attention par le côté par où elles ont plus de rapport avec notre tempérament, nos passions, notre état, pour tout dire, en un mot, avec nos besoins. Ce sont ces rapports qui font qu'elles nous affectent avec plus de force, et que nous en avons une conscience plus vive. D'où il arrive que, quand ils viennent à changer, nous voyons les objets tout différemment, et nous en portons des jugemens tout-à-fait contraires. On est communément si fort la dupe de ces sortes de jugemens, que celui qui dans un temps voit et juge d'une manière, et, dans un autre temps, voit et juge tout autrement, croit toujours bien voir et bien juger: penchant qui nous devient si naturel, que, nous faisant toujours considérer les objets par les rapports qu'ils ont à nous, nous ne manquons pas de critiquer la conduite des autres, autant que nous approuvons la nôtre. Joignez à cela que l'amour-propre nous persuade aisément que les choses ne sont louables qu'autant qu'elles ont attiré notre attention avec quelque satisfaction de notre part; et vous comprendrez pourquoi ceux-mêmes qui ont assez de discernement pour les apprécier, dispensent d'ordinaire si mal leur estime, que tantôt ils la refusent injustement, et tantôt ils la prodiguent.

Quoi qu'il en soit, puisque les choses n'attirent notre attention que par le rapport qu'elles ont à notre tempérament, à nos passions, à notre état, à nos besoins; c'est une conséquence que la même attention embrasse tout-à-la-fois les idées des besoins, et celles des choses qui s'y rapportent, et qu'elle les lie.

Tous nos besoins tiennent les uns aux autres, et on en pourroit considérer les

<small>Ils sont le lien fondamental de nos idées.</small>

perceptions comme une suite d'idées fondamentales, auxquelles on rapporteroit toutes celles qui font partie de nos connoissances. Au-dessus de chacune s'éleveroient d'autres suites d'idées qui formeroient des espèces de chaines, dont la force seroit entièrement dans l'analogie des signes, dans l'ordre des perceptions, et dans la liaison que les circonstances, qui réunissent quelquefois les idées les plus disparates, auroient formée. A un besoin est liée l'idée de la même chose propre à le soulager; à cette idée est liée celle du lieu où cette chose se rencontre; à celle-ci, celle des personnes qu'on y a vues; à cette dernière, les idées des plaisirs ou des chagrins qu'on a reçus, et plusieurs autres. On peut même remarquer qu'à mesure que la chaine s'étend, elle se sous-divise en différens chaînons; en sorte que plus on s'éloigne du premier anneau, plus les chaînons s'y multiplient. Une première idée fondamentale est liée à deux ou trois autres; chacune de celles-ci à un égal nombre, ou même à un plus grand, et ainsi de suite.

Les différentes chaînes ou chaînons que je suppose au-dessus de chaque idée fondamentale, seroient liés par la suite des idées fondamentales, et par quelques anneaux qui seroient vraisemblablement communs à plusieurs; car les mêmes objets, et par conséquent les mêmes idées se rapportent souvent à différens besoins. Ainsi, de toutes nos connoissances, il ne se formeroit qu'une seule et même chaîne, dont les chaînons se réuniroient à certains anneaux, pour se séparer à d'autres.

Ces suppositions admises, il suffiroit, pour se rappeler les idées qu'on s'est rendu familières, de pouvoir donner son attention à quelques-unes de nos idées fondamentales auxquelles elles sont liées. Or cela se peut toujours, puisque, tant que nous veillons, il n'y a point d'instans où notre tempérament, nos passions et notre état n'occasionnent en nous quelques-unes de ces perceptions que j'appelle fondamentales. Nous y réussirions donc avec plus ou moins de facilité, à proportion que les idées que nous voudrions nous retracer, tiendroient à un plus grand nombre de

*Les idées ne se retracent qu'autant qu'elles sont liées à quelques-unes de nos besoins.*

besoins, et y tiendroient plus immédiatement.

*Exemples qui le prouvent.*

Les suppositions que je viens de faire ne sont pas gratuites. J'en appelle à l'expérience, et je suis persuadé que chacun remarquera qu'il ne cherche à se ressouvenir d'une chose que par le rapport qu'elle a aux circonstances où il se trouve; et qu'il y réussit d'autant plus facilement que les circonstances sont en grand nombre, ou qu'elles ont avec la chose une liaison plus immédiate. L'attention que nous donnons à une perception qui nous affecte actuellement, nous en rappelle le signe; celui-ci en rappelle d'autres avec lesquels il a quelque rapport; ces dernières réveillent les idées auxquelles ils sont liés; ces idées retracent d'autres signes ou d'autres idées, et ainsi successivement. Deux amis, par exemple, qui ne se sont pas vus depuis long-temps, se rencontrent: l'attention qu'ils donnent à la surprise et à la joie qu'ils ressentent, leur fait naître aussitôt le langage qu'ils doivent se tenir. Ils se plaignent de la longue absence où ils ont été l'un de l'autre; ils s'entretiennent des plaisirs dont auparavant ils jouissoient ensemble, et de tout ce qui leur est arrivé depuis leur séparation. On voit facilement comment toutes ces choses sont liées entre elles et à beaucoup d'autres.

D'autres exemples se présenteront à vous, quand vous aurez occasion de remarquer ce qui arrive dans les cercles. Avec quelque rapidité que la conversation change de sujet, celui qui conserve son sang-froid, et qui connoît un peu le caractère de ceux qui parlent, voit presque toujours par quelle liaison d'idées on passe d'une matière à une autre. Je me crois donc en droit de conclure que le pouvoir de réveiller nos perceptions, leurs noms ou leurs circonstances, vient uniquement de la liaison que l'attention a mise entre ces choses et les besoins auxquelles elles se rapportent. Détruisez cette liaison, vous détruisez l'imagination et la mémoire.

Le pouvoir de lier nos idées a ses inconvéniens comme ses avantages. Pour les faire appercevoir sensiblement, je suppose deux hommes; l'un, chez qui les idées n'ont jamais pu se lier; l'autre, chez qui

*Les liaisons d'idées ont leurs inconvéniens et leurs avantages.*

elles se lient avec tant de facilité et tant de force, qu'il n'est plus le maître de les séparer. Le premier seroit sans imagination et sans mémoire, et n'auroit, par conséquent, l'exercice d'aucune des opérations qui supposent l'une ou l'autre de ces facultés. Il seroit absolument incapable de réflexion ; ce seroit un imbécille. Le second auroit trop de mémoire et trop d'imagination, et cet excès produiroit presque le même effet qu'une entière privation de l'une et de l'autre. Il auroit à peine l'exercice de sa réflexion ; ce seroit un fou. Les idées les plus disparates étant fortement liées dans son esprit, par la seule raison qu'elles se sont présentées ensemble, il les jugeroit naturellement liées entre elles, et les mettroit les unes à la suite des autres, comme de justes conséquences.

Entre ces deux excès, on pourroit supposer un milieu, où le trop d'imagination et de mémoire ne nuiroit pas à la solidité de l'esprit, et où le trop peu ne nuiroit pas à ses agrémens. Peut-être ce milieu est-il si difficile que les plus grands génies ne s'y sont encore trouvés qu'à-peu-près. Selon que différens esprits s'en écartent, et tendent vers les extrémités opposées, ils ont des qualités plus ou moins incompatibles, puisqu'elles doivent plus ou moins participer aux extrémités qui s'excluent tout-à-fait. Ainsi ceux qui se rapprochent de l'extrémité où l'imagination et la mémoire dominent, perdent à proportion des qualités qui rendent un esprit juste, conséquent et méthodique; et ceux qui se rapprochent de l'autre extrémité, perdent dans la même proportion des qualités qui concourent à l'agrément. Les premiers écrivent avec plus de grace, les autres avec plus de suite et plus de profondeur. Mais il est à propos de développer plus en détail les vices et les avantages des liaisons d'idées.

Ces liaisons se font, dans l'imagination, de deux manières, quelquefois volontairement, et d'autres fois elles ne sont que l'effet d'une impression étrangère. Celles-là sont ordinairement moins fortes, de sorte que nous pouvons les rompre plus facilement; on convient qu'elles sont notre ouvrage. Celles-ci sont souvent si bien ci-

*Elles se font volontairement ou involontairement.*

mentées, qu'il nous est impossible de les détruire ; on les croit volontiers naturelles. Toutes ont leurs avantages et leurs inconvéniens ; mais les dernières sont d'autant plus utiles ou dangereuses, qu'elles agissent sur l'esprit avec plus de vivacité.

*Il y en a qui sont nécessaires à notre conservation, et que par cette raison on a jugé naturelles.*

Il falloit, par exemple, que la vue d'un précipice où nous sommes en danger de tomber, réveillât en nous l'idée de la mort. L'attention ne peut donc manquer, à la première occasion, de former cette liaison ; elle doit même la rendre d'autant plus forte, qu'elle y est déterminée par le motif le plus pressant: la conservation de notre être.

Mallebranche a cru cette liaison naturelle, ou en nous dès la naissance. « L'idée, dit-il, d'une grande hauteur
» que l'on voit au-dessous de soi, et de
» laquelle on est en danger de tomber,
» ou l'idée de quelque grand corps qui est
» prêt à tomber sur nous et à nous écraser,
» est naturellement liée avec celle qui
» nous représente la mort, et avec une
» émotion des esprits qui nous dispose à
» la fuite et au désir de fuir. Cette liaison

» ne change jamais, parce qu'il est né-
» cessaire qu'elle soit toujours la même,
» et elle consiste dans une disposition des
» fibres du cerveau, que nous avons dès
» notre enfance (1) ».

Il est évident que, si l'expérience ne nous avoit pas appris que nous sommes mortels, bien loin d'avoir une idée de la mort, nous serions fort surpris à la vue de celui qui mourroit le premier. Cette idée est donc acquise, et Mallebranche se trompe pour avoir cru que ce qui est commun à tous les hommes est naturel ou né avec nous. Cette erreur est générale ; on ne veut pas s'appercevoir que les mêmes sens, les mêmes opérations et les mêmes circonstances doivent produire par-tout les mêmes effets. On veut absolument avoir recours à quelque chose d'inné ou de naturel, qui précède l'action des sens, l'exercice des opérations de l'ame, et les circonstances communes.

Mallebranche veut qu'il soit naturel de

---

(1) Recherche de la Vér. liv. 2, c. 3.

fuir à la vue d'un danger qui menace notre vie. Cela seroit vrai, s'il entendoit par *naturel* ce qui est devenu, par l'habitude, une seconde nature. Mais il entend par *naturel*, ce que la nature nous donne seule, ou ce qui est antérieur à toute habitude. Or je demande s'il peut être naturel de fuir, lorsqu'on n'a pas encore appris à marcher.

<small>Il y en a qui sont une source de préjugés.</small> Si les liaions d'idées qui se forment en nous, par des impressions étrangères, sont utiles, elles sont souvent dangereuses. Que l'éducation nous accoutume à lier l'idée de honte ou d'infamie à celle de survivre à un affront, l'idée de grandeur d'ame ou de courage à celle de s'ôter soi-même la vie, ou de l'exposer en cherchant à en priver celui de qui on a été offensé, on aura deux préjugés: l'un qui a été le point d'honneur des Romains; l'autre qui est celui d'une partie de l'Europe. Ces liaisons s'entretiennent et se fomentent plus ou moins avec l'âge. La force que le tempérament acquiert, les passions auxquelles on devient sujet, et l'état qu'on embrasse en resserrent ou en coupent les nœuds.

Ces sortes de préjugés étant les premières impressions que nous avons éprouvées, ils ne manquent pas de nous paroître des principes incontestables. Dans l'exemple que je viens d'apporter, l'erreur est sensible, et la cause en est connue; mais il n'y a peut-être personne à qui il ne soit arrivé de faire quelquefois des raisonnemens bizarres, dont on reconnoît enfin tout le ridicule, sans pouvoir comprendre comment on a pu en être la dupe un seul instant. Ils ne sont souvent que l'effet de quelque liaison singulière d'idées: cause humiliante pour notre vanité, et que pour cela nous avons tant de peine à appercevoir. Si elle agit d'une manière si secrète, qu'on juge des raisonnemens qu'elle fait faire au commun des hommes.

En général, les impressions que nous éprouvons dans différentes circonstances, nous font associer des idées que nous ne sommes plus maîtres de séparer. On ne peut, par exemple, fréquenter les hommes qu'on ne lie insensiblement les idées de certains tours d'esprit et de certains caractères avec les figures qui se remarquent davantage. Voilà pourquoi les personnes qui ont de la physionomie, nous plaisent ou nous déplaisent plus que les autres; car la physionomie n'est qu'un assemblage de traits auxquels nous avons associé des idées qui ne se réveillent point sans être accompagnées d'agrément ou de dégoût. Il ne faut donc pas s'étonner si nous sommes portés à juger les autres d'après leur physionomie, et si quelquefois nous sentons pour eux, au premier abord, de l'éloignement ou de l'inclination.

Par un effet de ces associations, nous nous prévenons, souvent jusqu'à l'excès, en faveur de certaines personnes, et nous sommes tout-à-fait injustes par rapport à d'autres. C'est que tout ce qui nous frappe dans nos amis, comme dans nos ennemis, se lie naturellement avec les sentimens agréables ou désagréables qu'ils nous font éprouver ; et que, par conséquent, les défauts des uns empruntent toujours quelqu'agrément de ce que nous remarquons en eux de plus aimable, ainsi que les meilleures qualités des autres, nous paroissent participer à leurs vices. Par-là ces liaisons influent infiniment sur toute notre conduite ; elles entretiennent notre amour ou notre haine, fomentent notre estime ou notre mépris, excitent notre reconnoissance ou notre ressentiment, e produisent ces sympathies, ces antipathies et tous ses penchans bizarres, dont on a quelquefois tant de peine à rendre raison. Descartes conserva toujours du goût pour les yeux louches, parce que la première personne qu'il avoit aimée avoit ce défaut.

De folie.

Locke a fait voir le plus grand danger des associations d'idées, lorsqu'il a remarqué qu'elles sont l'origine de la folie. « Un homme, dit-il, (1) fort sage et de
» très-bon sens en toute autre chose, peut
» être aussi fou sur un certain article,
» qu'aucun de ceux qu'on renferme aux
» petites maisons, si, par quelque violente
» impression qui se soit faite subitement
» dans son esprit, ou par une longue ap-
» plication à une espèce particulière de
» pensées, il arrive que des idées incom-

---

(1) Liv. 2, c. 11, s. 13. Il répète à-peu-près la même chose c. 13, s. 4. du même liv.

» patibles soient jointes si fortement en-
» semble dans son esprit, qu'elles y dé-
» meurent unies ».

<small>Comment les liaisons d'idées produisent la folie</small>
Pour comprendre combien cette réflexion est juste, il suffit de remarquer que, par le physique, l'imagination et la folie ne peuvent différer que du plus au moins. Tout dépend de la vivacité des mouvemens qui se font dans le cerveau. Dans les songes, par exemple, les perceptions se retracent si vivement, qu'au réveil on a quelquefois de la peine à reconnoître son erreur. Voilà certainement un moment de folie, et il est évident qu'on resteroit fou, si les mouvemens du cerveau, qui ont produit cette illusion, continuoient à être les mêmes. Cet effet peut être produit d'une manière plus lente.

Il n'y a, je pense, personne qui, dans des momens de désœuvrement, n'imagine quelque roman dont il se fait le héros. Ces fictions, qu'on appelle *châteaux en Espagne*, n'occasionnent, pour l'ordinaire, dans le cerveau que de légères impressions, parce qu'on s'y livre peu, et qu'elles sont bientôt dissipées par des objets plus réels, dont on est obligé de s'occuper. Mais qu'il survienne quelque sujet de tristesse qui nous fasse éviter nos meilleurs amis, et prendre en dégoût tout ce qui nous a plu; alors, livrés à tout notre chagrin, notre roman favori sera la seule idée qui pourra nous en distraire. Nous nous endormirons en bâtissant ce château, nous l'habiterons en songe; et enfin, quand la disposition du cerveau sera insensiblement parvenue à être la même que si nous étions en effet ce que nous avons feint, nous prendrons, à notre réveil, toutes nos chimères pour des réalités. Il se peut que la folie de cet athénien, qui croyoit que tous les vaisseaux qui entroient dans le Pirée étoient à lui, n'ait pas eu d'autre cause.

Cette explication peut faire connoître combien la lecture des romans est dangereuse pour les jeunes personnes du sexe, dont le cerveau est fort tendre. Leur esprit, que l'éducation occupe ordinairement trop peu, saisit avec avidité des fictions qui flattent des passions naturelles à leur âge; elles y trouvent des matériaux

*Danger des romans.*

pour les plus beaux châteaux en Espagne ; elles les mettent en œuvre avec d'autant plus de plaisir que l'envie de plaire, et les galanteries qu'on leur fait sans cesse, les entretiennent dans ce goût. Alors il ne faut peut-être qu'un léger chagrin pour tourner la tête à une jeune fille, lui persuader qu'elle est Angélique, ou telle autre héroïne qui lui a plu, et lui faire prendre pour des Médors tous les hommes qui l'approchent.

*Danger de certains ouvrages de dévotion.* Il y a des ouvrages faits dans des vues bien différentes, qui peuvent avoir de pareils inconvéniens. Je veux parler de certains livres de dévotion, écrits par des imaginations fortes et contagieuses; ils sont capables de tourner quelquefois le cerveau d'une femme, jusqu'à lui faire croire qu'elle a des visions, qu'elle s'entretient avec des anges, ou que même elle est déjà dans le ciel avec eux. Il seroit bien à souhaiter que les jeunes personnes des deux sexes fussent toujours éclairées dans ces sortes de lectures par des directeurs qui connoîtroient la trempe de leur imagination.

Des folies, comme celles que je viens d'exposer, sont reconnues de tout le monde. Il y a d'autres égaremens, auxquels on ne pense pas à donner le même nom; cependant tous ceux qui ont leur cause dans l'imagination, devroient être mis dans la même classe. En ne déterminant la folie que par la conséquence des erreurs, on ne sauroit fixer le point où elle commence. Il la faut donc faire consister dans une imagination qui, sans qu'on soit capable de le remarquer, associe des idées d'une manière tout-à-fait désordonnée, et influe quelquefois dans nos jugemens, ou dans notre conduite. Cela étant, il est vraisemblable que personne n'en sera exempt : le plus sage ne différera du plus fou, que parce qu'heureusement les travers de son imagination n'auront pour objets que des choses qui entrent peu dans le train ordinaire de la vie, et qui le mettent moins visiblement en contradiction avec le reste des hommes. En effet, où est celui que quelque passion favorite n'engage pas constamment, dans de certaines rencontres, à ne se conduire que d'après l'impression forte que les choses

*Personne n'est tout à fait exempt de folie.*

font sur son imagination, et ne fasse pas retomber dans les mêmes fautes? Observez sur-tout un homme dans ses projets de conduite; car c'est-là l'écueil de la raison pour le grand nombre. Quelle prévention, quel aveuglement, même dans celui qui a le plus d'esprit! Que le peu de succès lui fasse reconnoître combien il a eu tort, il ne se corrigera pas : la même imagination qui l'a séduit, le séduira encore: vous le verrez sur le point de commettre une faute semblable à la première ; vous la lui verrez commettre, et vous ne le ferez pas convenir de son tort.

Les impressions qui se font dans les cerveaux froids, s'y conservent long-temps. Ainsi les personnes dont l'extérieur est composé et réfléchi, n'ont d'autre avantage, si c'en est un, que de garder constamment les mêmes travers. Par-là leur folie qu'on ne soupçonnoit pas au premier abord, n'en devient que plus aisée à reconnoître pour ceux qui les observent quelque temps. Au contraire, dans les cerveaux où il y a beaucoup de feu et beaucoup d'activité, les impressions s'effacent, se renouvellent, les folies se succèdent. A l'abord on voit bien que l'esprit d'un homme a quelques travers ; mais il en change avec tant de rapidité, qu'on peut à peine remarquer de quelle espèce ils sont.

Le pouvoir de l'imagination est sans bornes : elle diminue ou même dissipe nos peines, et peut seule donner aux plaisirs l'assaisonnement qui en fait tout le prix. Mais quelquefois c'est l'ennemi le plus cruel que nous ayons : elle augmente nos maux, nous en donne que nous n'avions pas, et finit par nous porter le poignard dans le sein. *Pouvoir de l'imagination.*

Pour rendre raison de ces effets, il suffit de considérer que les sens agissant sur l'organe de l'imagination, cet organe réagit sur les sens ; et que sa réaction est plus vive, parce qu'il ne réagit pas avec la seule force que suppose la perception qu'il reçoit, mais avec les forces réunies de toutes celles qui sont étroitement liées à cette perception, et qui, pour cette raison, n'ont pu manquer de se réveiller. Cela étant, il n'est pas difficile de comprendre les effets de l'imagination : venons à des exemples. *Cause de ce pouvoir.*

La perception d'une douleur réveille, dans mon imagination, toutes les idées avec lesquelles elle a une liaison étroite. Je vois le danger, la frayeur me saisit, j'en suis abattu, mon corps résiste à peine, ma douleur devient plus vive, mon accablement augmente ; et il se peut que, pour avoir eu l'imagination frappée, une maladie légère dans ses commencemens me conduise au tombeau.

Un plaisir que j'ai recherché, retrace également toutes les idées agréables, auxquelles il peut être lié. L'imagination renvoie aux sens plusieurs perceptions pour une qu'elle reçoit, et elle écarte ce qui pourroit m'enlever aux sentimens que j'éprouve. Dans cet état, tout entier aux perceptions qui me viennent par les sens, et à celle que l'imagination reproduit, je goûte les plaisirs les plus vifs. Qu'on arrête l'action de mon imagination ; je sors aussitôt comme d'un enchantement : j'ai sous les yeux les objets auxquels j'attribuois mon bonheur, je les cherche, et je ne les vois plus.

Par cette explication on conçoit que les

plaisirs de l'imagination sont tout aussi réels et tout aussi physiques que les autres, quoiqu'on dise communément le contraire. Je n'apporte plus qu'un exemple.

Un homme tourmenté par la goutte, et qui ne peut se soutenir, revoit, au moment qu'il s'y attendoit le moins, un fils qu'il croyoit perdu : plus de douleur. Un instant après le feu se met à sa maison, plus de foiblesse ; il est déjà hors de danger quand on songe à le secourir. Son imagination, subitement et vivement frappée, réagit sur toutes les parties de son corps, et y produit la révolution qui le sauve.

## CHAPITRE VI.

*De la nécessité des signes* (1).

<small>Nécessité des signes en arithmétique.</small> L'ARITHMÉTIQUE fournit un exemple bien sensible de la nécessité des signes. Si après avoir donné un nom à l'unité, nous n'en imaginons pas successivement pour toutes les idées que nous formons par la multiplication de cette première, il nous seroit impossible de faire aucun progrès dans la connoissance des nombres. Nous ne discernons différentes collections, que parce que nous avons des chiffres qui sont eux-mêmes fort distincts. Otons ces chiffres, ôtons tous les signes en usage, et nous nous appercevrons qu'il nous est impossible d'en conserver les idées. Peut-on seulement se faire la notion du plus petit nombre,

---

(1) Depuis l'impression de mon *Essai sur l'origine des connoissances humaines*, d'où la plus grande partie de cet ouvrage est tirée, j'ai achevé de démontrer la nécessité des signes, dans ma *grammaire* et dans ma *logique*.

si l'on ne considère pas plusieurs objets dont chacun soit comme le signe auquel on attache l'unité? Pour moi je n'apperçois les nombres *deux* ou *trois*, qu'autant que je me représente deux ou trois objets différens. Si je passe au nombre *quatre*, je suis obligé, pour plus de facilité, d'imaginer deux objets d'un côté et deux de l'autre : à celui de *six*, je ne puis me dispenser de les distribuer deux à deux, ou trois à trois ; et si je veux aller plus loin, il me faudra bientôt considérer plusieurs unités comme une seule, et les réunir pour cet effet à un seul objet.

Locke (1) parle de quelques Américains qui n'avoient point d'idées du nombre mille, parce qu'en effet, ils n'avoient imaginé des noms que pour compter jusqu'à vingt. J'ajoute qu'ils auroient eu quelque difficulté à s'en faire du nombre vingt-un. En voici la raison.

Par la nature de notre calcul, il suffit d'avoir des idées des premiers nombres,

---

(1) L. 2, c. 16. Il dit qu'il s'est entretenu avec eux.

pour être en état de s'en faire de tous ceux qu'on peut déterminer. C'est que, les premier signes étant donnés, nous avons, dans l'analogie, des règles pour en inventer d'autres. Ceux qui ignoreroient cette méthode au point d'être obligés d'attacher chaque collection à des signes qui n'auroient point d'analogie entre eux, n'auroient aucun secours pour se guider dans l'invention des signes. Ils n'auroient donc pas la même facilité que nous pour se faire de nouvelles idées. Tel étoit vraisemblablement le cas de ces Américains. Ainsi non seulement ils n'avoient point d'idées du nombre mille, mais même il ne leur étoit pas aisé de s'en faire immédiatement au-dessus de vingt (1).

---

(1) On ne peut plus douter de ce que j'avance ici, depuis la relation de M. de la Condamine. Il parle (page 67) d'un peuple qui n'a d'autre signe pour exprimer le nombre trois que celui-ci *poellarrarrorincourac*. Ce peuple ayant commencé d'une manière aussi peu commode, il ne lui étoit pas aisé de compter au-delà. On ne doit donc pas avoir de la peine à comprendre que ce fussent-là, comme on l'assure, les bornes de son arithmétique.

Le progrès de nos connoissances dans les nombres, vient donc uniquement de l'exactitude avec laquelle nous avons ajouté l'unité à elle-même, en donnant à chaque progression un nom qui la fait distinguer de celle qui la précède et de celle qui la suit. Je sais que cent est supérieur d'une unité à quatre-vingt-dix-neuf, et inférieur d'une unité à cent-un ; parce que je me souviens que ce sont-là trois signes que j'ai choisis pour désigner trois nombres qui se suivent.

Il ne faut pas se faire illusion, en s'imaginant que les idées des nombres, séparés de leurs signes, soient quelque chose de clair et de déterminé (1). Il ne peut rien y avoir qui réunisse dans l'esprit plusieurs unités, que le nom même auquel on les a attachées. Si quelqu'un me demande ce que c'est que *mille*, que puis-je répondre,

<sub>Si les nombres n'avoient pas chacun des signes, on n'en auroit pas d'idée.</sub>

_____

(1) Mallebranche a pensé que les nombres qu'apperçoit *l'entendement pur*, sont quelque chose de bien supérieur à ceux qui tombent sous les sens. S. Augustin (dans ses Confessions), les platoniciens et tous les partisans des idées innées, ont été dans le même préjugé.

sinon que ce mot fixe dans mon esprit une certaine collection d'unités ? S'il m'interroge encore sur cette collection, il est évident qu'il m'est impossible de la lui faire appercevoir dans toutes ses parties. Il ne me reste donc qu'à lui présenter successivement tous les noms qu'on a inventés pour signifier les progressions qui la précèdent. Je dois lui apprendre à ajouter une unité à une autre, et à les réunir par le signe *deux* ; une troisième aux deux precédentes, et à les attacher au signe *trois* ; et ainsi de suite jusqu'à *dix* que je fais considérer comme une unité. Cette unité composée, prise elle-même dix fois, le conduit à une unité qui est plus composée encore, et que je fixe dans sa mémoire par le signe *cent*. Ainsi, de dixaines en dixaines, il s'élève à mille, ou à tout autre nombre.

Qu'on cherche ensuite ce qu'il y aura de clair dans son esprit, on y trouvera trois choses ; l'idée de l'unité ; celle de l'opération par laquelle il a ajouté plusieurs fois l'unité à elle-même : enfin le souvenir d'avoir imaginé les signes dans l'ordre que je viens d'exposer. Ce n'est certainement ni par l'idée de l'unité, ni par celle de l'opération qui l'a multipliée qu'est déterminé le nombre mille; car ces choses se trouvent également dans tous les autres. Mais, puisque le signe *mille* n'appartient qu'à cette collection, c'est lui seul qui la détermine et qui la distingue. On n'en a donc l'idée que parce qu'on peut rétrograder, en considérant que mille est une unité composée de dix unités de centaines; que cent est une unité composée de dix unités de dixaines, et que dix est une unité composée de dix unités simples.

Il est donc hors de doute que, quand un homme ne voudroit calculer que pour lui, il seroit autant obligé d'inventer des signes, que s'il vouloit communiquer ses calculs. Mais pourquoi ce qui est vrai en arithmétique, ne le seroit-il pas dans les autres sciences? Pourrions-nous jamais réfléchir sur la métaphysique et sur la morale, si nous n'avions inventé des signes, pour fixer nos idées, à mesure que nous avons formé de nouvelles collections? Les mots ne doivent-ils pas être aux idées de

*Les signes sont nécessaires pour se faire les idées de toutes espèces.*

toutes les sciences, ce que sont les chiffres aux idées de l'arithmétique ? Il est vraisemblable que l'ignorance de cette vérité est une des causes de la confusion qui règne dans les ouvrages de métaphysique et de morale. Il faut la mettre dans son jour.

<small>Ils le sont pour se faire de plusieurs idées une idée complexe.</small>
L'esprit est si borné qu'il ne peut pas se retracer une grande quantité d'idées, pour en faire tout-à-la-fois le sujet de sa réflexion : cependant il est souvent nécessaire qu'il en considère plusieurs ensemble; c'est ce qu'il fait lorsque, réunissant plusieurs idées sous un signe, il les envisage comme si, toutes ensemble, elles n'en formoient qu'une seule.

<small>Ils le sont par conséquent, pour déterminer l'idée que nous nous faisons d'une substance.</small>
Il y a deux cas où nous rassemblons des idées simples sous un seul signe; nous le faisons sur des modèles, ou sans modèles.

Je trouve un corps, et je vois qu'il est étendu, figuré, divisible, solide, dur, capable de mouvement et de repos, jaune, fusible, ductile, malléable, fort pesant, fixe, qu'il a la capacité d'être dissous dans l'eau régale, etc. Il est certain que si je ne puis pas donner tout-à-la-fois à quelqu'un une idée de toutes ces qualités, je ne saurois me les rappeler à moi-même qu'en les faisant passer en revue devant mon esprit. Mais si, ne pouvant les remarquer toutes ensemble d'une manière distincte, je voulois ne penser qu'à une seule ; par exemple, à la couleur, une idée aussi incomplette me seroit inutile, et me feroit souvent confondre ce corps avec ceux qui lui ressemblent par cet endroit. Pour sortir de cet embarras, j'invente le mot *or*, et je m'accoutume à lui attacher toutes les idées dont j'ai fait le dénombrement. Quand, par la suite, je penserai à l'or, je n'appercevrai donc que ce son *or*, et le souvenir d'y avoir lié une certaine quantité d'idées simples que j'ai vu co-existeur dans un même sujet, et que je me rappellerai les unes après les autres, quand je le souhaiterai.

Nous ne pouvons donc **réfléchir** sur les substances qu'autant que nous avons des signes qui déterminent le nombre et la variété des propriétés que nous y avons remarquées, et que nous voulons réunir dans des idées complexes, comme nous les réunissons hors de nous dans des sujets.

Qu'on oublie, pour un moment, tous ces signes, et qu'on essaie d'en rappeler les idées, on verra que les mots, ou d'autres signes équivalens, sont d'une si grande nécessité, qu'ils tiennent, pour ainsi dire, dans notre esprit, la place que les sujets occupent au-dehors. Comme les qualités des choses ne co-existeroient pas hors de nous, sans des sujets où elles se réunissent, leurs idées ne co-existeroient pas dans notre esprit, sans des signes où elles se réunissent également.

*Ils le sont encore pour déterminer les idées que nous nous faisons des êtres moraux.* La nécessité des signes est encore bien sensible dans les idées complexes que nous formons sans modèles, c'est-à-dire, dans les idées que nous nous faisons des êtres moraux. Quand nous avons rassemblé des idées que nous ne voyons nulle part réunies, qu'est-ce qui en fixeroit les collections, si nous ne les attachions à des mots qui sont comme des liens qui les empêchent de s'échapper? Si vous croyez que les noms vous soient inutiles, arrachez-les de votre mémoire, et essayez de réfléchir sur les lois civiles et morales, sur les vertus et les vices, enfin sur toutes les actions humaines; vous reconnoîtrez votre erreur. Vous avouerez que si, à chaque combinaison que vous faites, vous n'avez pas des signes pour déterminer le nombre d'idées simples que vous avez voulu recueillir, à peine aurez-vous fait un pas que vous n'appercevrez plus qu'un chaos. Vous serez dans le même embarras que celui qui voudroit calculer, en disant plusieurs fois *un, un, un,* et qui ne voudroit pas imaginer des signes pour chaque collection. Cet homme ne se feroit jamais l'idée d'une vingtaine, parce que rien ne pourroit l'assurer qu'il en auroit exactement répété toutes les unités.

C'est donc l'usage des signes qui facilite l'exercice de la réflexion; mais cette faculté contribue, à son tour, à multiplier les signes, et par-là elle peut tous les jours prendre un nouvel essor. Ainsi les signes et la réflexion sont des causes qui se prêtent des secours mutuels, et qui concourent réciproquement à leurs progrès.

Si, en les considérant dans leurs foibles commencemens, on ne voit pas sensiblement leur influence réciproque, on n'a *Combien l'usage des signes contribué l'exercice de la réflexion et de toutes nos facultés.*

qu'à les observer dans le point de perfection où elles sont aujourd'hui. En effet, combien n'a-t-il pas fallu de réflexion pour former les langues, et de quels secours les langues ne sont-elles pas à la réflexion (1)? Il est donc constant qu'on ne peut mieux augmenter l'activité de l'imagination, l'étendue de la mémoire, et faciliter l'exercice de la réflexion, qu'en s'occupant des objets qui, exerçant davantage l'attention, lient ensemble un plus grand nombre de signes et d'idées. Voilà par quel artifice nous développons les facultés de notre ame; c'est alors que nous commençons à entrevoir tout ce dont nous sommes capables. Tant qu'on ne dirige point soi-même son attention, l'ame est assujettie à tout ce qui l'environne, et ne possède rien que par une vertu étrangère. Mais si, maître de son attention, comme on l'est sur-tout par l'usage des signes, on la

---

(1) Les langues sont des méthodes analytiques. Cette observation, qui m'avoit échappé et que j'ai faite dans ma Grammaire, suffit seule pour démontrer la nécessité des signes.

guide selon ses désirs, l'ame alors dispose d'elle-même, elle en tire des idées qu'elle ne doit qu'à elle, et s'enrichit de son propre fond.

L'effet de cette opération est d'autant plus grand, que par elle nous disposons de nos perceptions, à-peu-près comme si nous avions le pouvoir de les produire et de les anéantir. Que parmi celles que j'éprouve actuellement, j'en choisisse une, aussitôt la conscience en est si vive, et celle des autres si foible, qu'il me paroîtra qu'elle est la seule dont j'aie pris connoissance. Qu'un instant après je veuille l'abandonner, pour m'occuper principalement d'une de celles qui m'affectoient le plus légèrement, elle me paroîtra rentrer dans le néant, tandis qu'une autre m'en paroîtra sortir. La conscience de la première, pour parler moins figurément, deviendra si foible, et celle de la seconde si vive, qu'il me semblera que je ne les ai éprouvées que l'une après l'autre. On peut faire cette expérience en considérant un objet fort composé. Il n'est pas douteux qu'on n'ait en même temps conscience de toutes les perceptions que font naître ses différentes parties disposées pour agir sur les sens ; mais on diroit que la réflexion suspend, à son gré, les impressions qui se font dans l'ame, pour n'en conserver qu'une seule. Tour-à-tour elle donne, pour ainsi dire, à chacune le privilége d'être apperçue exclusivement.

<small>Mais il faut dans l'usage des signes de la clarté, de la précision et de l'ordre.</small>
La géométrie nous apprend que le moyen le plus propre à faciliter notre réflexion est de mettre, sous les sens, les objets mêmes des idées dont on veut s'occuper, parce qu'alors la conscience en est plus vive ; mais on ne peut pas se servir de cet artifice dans toutes les sciences. Un moyen qu'on emploiera par-tout avec succès, c'est de mettre dans nos méditations de la clarté, de la précision et de l'ordre. De la clarté ; parce que plus les signes sont clairs, plus nous avons conscience des idées qu'ils signifient, et moins, par conséquent, elle nous échappent : de la précision, afin que l'attention moins partagée, se fixe avec moins d'effort; de l'ordre, afin qu'une première idée plus connue, plus familière, prépare notre attention pour celle qui doit suivre.

Il n'arrive jamais que le même homme puisse exercer également sa mémoire, son imagination et sa réflexion sur toutes sortes de matière ; c'est que ces opérations dépendent de l'attention comme de leur cause ; que celle-ci ne peut s'occuper d'un objet qu'à proportion du rapport qu'il a aux habitudes que nous avons contractées ; et que nous ne contractons l'habitude des signes et des idées qu'ils déterminent, qu'autant que nous sommes intéressés à étudier les choses. Nous ne pouvons donc pas également, dans tous les genres, nous servir des signes avec la même clarté, la même précision et le même ordre. Cela nous apprend pourquoi ceux qui aspirent à être universels, courent risque d'échouer dans bien des genres. Il n'y a que deux sortes de talens ; l'un ne s'acquiert que par la violence qu'on fait aux organes ; l'autre est une suite de la facilité qu'ils ont à s'exercer. Celui-ci, appartenant plus à la nature, est plus vif, plus actif, et produit des effets bien supérieurs : celui-là, au contraire, sent l'effort, le travail, et ne s'élève jamais au-dessus du médiocre.

*Comme nous ne sommes pas capables de nous en servir toujours avec la même exactitude, nous ne le sommes pas de réfléchir toujours également bien dans tous les genres de connoissances.*

> La justesse de notre jugement dépend de l'exactitude avec laquelle nous nous servons des signes.

Concluons que pour avoir des idées sur lesquelles nous puissions réfléchir, nous avons besoin d'imaginer des signes qui servent de liens aux différentes collections d'idées simples ; et que nos notions ne sont exactes qu'autant que nous avons inventé avec ordre les signes qui les doivent fixer.

> Mais nous nous servons des mots longtemps avant de savoir nous rendre compte des idées que nous y attachons.

Je dis *avec ordre*, parce que les langues sont proprement des méthodes analytiques, et qu'analyser, c'est observer avec ordre. Si, quelque parfaite que soit une langue ; si, quelque propre qu'elle soit aux analyses, elle ne donne pas les mêmes secours à tous les esprits, c'est que nous savons mal notre propre langue. Nous apprenons les mots avant d'apprendre les idées ; et la raison, qui ne vient qu'après la mémoire, ne repasse pas toujours avec assez de soin sur les idées auxquelles on a donné des signes. D'ailleurs il y a un grand intervalle entre le temps où l'on commence à cultiver la mémoire d'un enfant, en y gravant bien des mots dont il ne peut encore saisir le vrai sens, et celui où il commence à être capable d'analyser ses notions, pour s'en rendre quelque compte. Quand cette opération survient, elle se trouve trop lente pour suivre la mémoire qu'un long exercice a rendu prompte et facile. Quel travail ne seroit-ce pas, s'il falloit qu'elle examinât tous les signes ! On les emploie donc tels qu'ils se présentent, et on se contente ordinairement d'en sentir à-peu-près la signification. Aussi tous ceux qui rentreront en eux-mêmes y trouveront-ils grand nombre de mots auxquels ils ne lient que des idées fort imparfaites ? Voilà la source de cette multitude d'esprits faux qui inondent la société, et du chaos où se trouvent plusieurs sciences abstraites, chaos que les philosophes n'ont jamais pu débrouiller, parce qu'aucun d'eux n'en a connu la première cause. Locke est le premier en faveur de qui on peut faire ici une exception.

La vérité que nous venons d'exposer, montre combien les ressorts de nos connoissances sont simples et admirables. Voilà l'ame de l'homme avec des sensations et des opérations : comment disposera-t-elle de ces matériaux ? des gestes, des sons, des chiffres, des lettres : c'est avec des instru-

<small>C'est l'usage des signes et l'adresse à s'en servir, qui fait toute la différence qu'on remarque entre les esprits.</small>

mens aussi étrangers à nos idées, que nous les mettons en œuvre, pour nous élever aux connoissances les plus sublimes. Les matériaux sont les mêmes chez tous les hommes : mais l'adresse à se servir des signes varie ; et de-là l'inégalité qui se trouve parmi eux.

Refusez à un esprit supérieur l'usage des caractères : combien de connoissances lui sont interdites, auxquelles un esprit médiocre atteindroit facilement ? Otez-lui encore l'usage de la parole : le sort des muets nous apprend dans quelles bornes étroites vous le renfermez. Enfin, enlevez-lui l'usage de toutes sortes de signes ; qu'il ne sache pas faire à propos le moindre geste, pour exprimer les pensées les plus ordinaires : vous aurez en lui un imbécille.

*Pour travailler avec succès à l'instruction des enfans, il faudroit connoître parfaitement les premiers ressorts de l'esprit humain.*

Il seroit à souhaiter que ceux qui se chargent de l'éducation des enfans, n'ignorassent pas les premiers ressorts de l'esprit humain. Si un précepteur, connoissant parfaitement l'origine et le progrès de nos idées, n'entretenoit son disciple que des choses qui ont le plus de rapport à ses besoins et à son âge ; s'il avoit assez d'adresse pour le placer dans les circonstances les plus propres à lui apprendre à se faire des idées précises, et à les fixer par des signes constans; si même en badinant il n'employoit jamais dans ses discours, que des mots dont le sens seroit exactement déterminé, quelle netteté, quelle étendue ne donneroit-il pas à l'esprit de son élève ! Mais combien peu de pères sont en état de procurer de pareils maîtres à leurs enfans, et combien sont encore plus rares ceux qui seroient propres à remplir leurs vues ! Il est cependant utile de connoître tout ce qui pourroit contribuer à une bonne éducation. Si on ne peut pas toujours l'exécuter, peut-être évitera-t-on au moins ce qui y seroit tout-à-fait contraire. On ne devroit, par exemple, jamais embarrasser les enfans par des paralogismes, des sophismes et d'autres mauvais raisonnemens. En se permettant de pareils badinages, on court risque de leur rendre l'esprit confus et même faux. Ce n'est qu'après que leur entendement auroit acquis beaucoup de netteté et de justesse, qu'on pourroit, pour exercer leur sagacité, leur tenir des discours captieux. Je voudrois même qu'on y apportât assez de précaution, pour prévenir tous les inconvéniens. Il me semble encore que l'usage où l'on est de n'appliquer les enfans (1), pendant les premières années de leurs études, qu'à des choses auxquelles ils ne peuvent rien comprendre, ni prendre

---

(1) L'expérience m'a confirmé dans ces réflexions que je n'aurois pas ajoutées ici, si je ne les avois pas mises dans l'*Essai sur l'origine des Connoissances humaines*, que je copie en cet endroit, comme en beaucoup d'autres. Je crois encore devoir avertir que bien des écrivains ont copié cet Essai, car on pourroit croire que je les copie moi-même, en écrivant sur l'art de penser. Les métaphysiciens plagiaires sont on ne peut pas plus communs. Quand on leur a fait voir, au-dedans d'eux-mêmes, des vérités métaphysiques, ils se flattent qu'ils les auroient trouvées tout seuls, et ils les donnent sans scrupule comme des découvertes à eux. Du Marsais se plaignit un jour à moi d'un plagiat impudent qu'on lui avoit fait. J'en parlai au plagiaire, qui me répondit que *Du Marsais avoit tort de se plaindre, et que ces choses-là étoient à tout bon esprit qui vouloit s'en occuper.* Cependant ces choses-là avoient échappé à MM. de Port-Royal qui étoient de bien meilleurs

aucun intérêt, est peu propre à développer leurs talens.

---

esprits. Du Marsais a été, dans sa partie un excellent métaphysicien, qui a fait bien des métaphysiciens plagiaires. On reconnoît ces plagiaires-là à la mauvaise métaphysique qu'ils font lorsqu'ils ont la mal-adresse de chercher sans guide les faits au-dedans d'eux-mêmes.

## CHAPITRE VII.

*Confirmation de ce qui a été prouvé dans le chapitre précédent.*

<small>Muet de naissance qui parle tout à-coup.</small>

« A Chartres, un jeune homme de 23 à
» 24 ans, fils d'un artisan, sourd et muet
» de naissance, commença tout-à-coup à
» parler, au grand étonnement de toutes
» la ville. On sut de lui que trois ou quatre
» mois auparavant, il avoit entendu le son
» des cloches, et avoit été extrêmement
» surpris de cette sensation nouvelle et
» inconnue. Ensuite il lui étoit sorti une
» espèce d'eau de l'oreille gauche, et
» il avoit entendu parfaitement des deux
» oreilles. Il fut trois ou quatre mois à
» écouter sans rien dire, s'accoutumant
» à répéter tout bas les paroles qu'il enten-
» doit, et s'affermissant dans la pronon-
» ciation et dans les idées attachées aux
» mots. Enfin il se crut en état de rompre
» le silence, et il déclara qu'il parloit,
» quoique ce ne fût qu'imparfaitement.

» Aussitôt des théologiens habiles l'inter-
» rogèrent sur son état passé, et leurs ques-
» tions principales roulèrent sur Dieu, sur
» l'ame, sur la bonté ou la malice morale
» des actions. Il ne parut pas avoir poussé
» ses pensées jusques-là. Quoiqu'il fût né
» de parens catholiques, qu'il assistât à la
» messe, qu'il fût instruit à faire le signe
» de la croix, et à se mettre à genoux dans
» la contenance d'un homme qui prie; il
» n'avoit jamais joint à tout cela aucune
» intention, ni compris celle que les autres
» y joignent. Il ne savoit pas bien distincte-
» ment ce que c'étoit que la mort, et il
» n'y pensoit jamais. Il menoit une vie
» purement animale, tout occupé des objets
» sensibles et présens, et du peu d'idées
» qu'il recevoit par les yeux. Il ne tiroit
» pas même de la comparaison de ces idées
» tout ce qu'il semble qu'il en auroit pu
» tirer. Ce n'est pas qu'il n'eût naturelle-
» ment de l'esprit; mais l'esprit d'un homme
» privé du commerce des autres, est si peu
» exercé et si peu cultivé, qu'il ne pense
» qu'autant qu'il y est indispensablement
» forcé par les objets extérieurs. Le plus

» grand fond des idées des hommes est dans
» leur commerce réciproque. »

<small>Questions qu'on auroit pu lui faire.</small> Ce fait est rapporté dans les mémoires de l'Académie des sciences (1). Il eût été à souhaiter qu'on eût interrogé ce jeune homme sur le peu d'idées qu'il avoit, quand il étoit sans l'usage de la parole; sur les premières qu'il acquit depuis que l'ouïe lui fut rendue; sur les secours qu'il reçut, soit des objets extérieurs, soit de ce qu'il entendoit dire, soit de sa propre réflexion, pour en faire de nouvelles; en un mot, sur tout ce qui put être à son esprit une occasion de se former. L'expérience fait en nous des progrès si prompts, qu'il n'est pas étonnant qu'elle se donne quelquefois pour la nature même : ici au contraire elle fut si lente, qu'il eût été aisé de ne pas s'y méprendre. Mais les théologiens ne voulurent voir dans ce jeune homme que la nature seule; et tout habiles qu'ils étoient, il ne démêlèrent ni la nature ni l'expérience. Nous n'y pouvons suppléer que par des conjectures.

---

(1) Année 1703, p. 18.

J'imagine que pendant vingt-trois ans l'ame de ce jeune homme disposoit à peine de son attention. Elle la donnoit aux objets, non pas à son choix, mais selon qu'elle étoit entraînée. Il est vrai qu'élevé parmi les hommes, il en recevoit des secours qui lui faisoient lier quelques-unes de ses idées à des signes. Il n'est pas douteux qu'il ne sût faire connoître par des gestes ses principaux besoins, et des choses qui les pouvoient soulager. Mais comme il manquoit de noms pour désigner celles qui n'avoient pas un si grand rapport à lui, qu'il étoit peu intéressé à y suppléer par quelqu'autre moyen, et qu'il ne retiroit du dehors aucun secours; il n'y pensoit jamais que quand il en avoit une perception actuelle. Son attention, uniquement attirée par des sensations vives, cessoit avec ses sensations. Il étoit donc borné dans ses jugemens, comme dans ses besoins. Un petit nombre d'objets l'occupoit entièrement, et tous les autres échappoient à son attention. Mais on pourroit demander, s'il étoit capable de raisonnement, et jusqu'à quel point.

Raisonner, c'est saisir les rapports par

capable de raisonnement. lesquels deux, trois jugemens, ou un plus grand nombre sont liés les uns aux autres. Quand, par exemple, je retire la main à la vue d'un charbon ardent qu'on approche de moi, je juge que ce charbon brûle, qu'il ne brûlera pas, si je m'en éloigne, et que, par conséquent, je dois retirer la main. Il n'en faut pas même davantage à un logicien, pour faire un syllogisme. *Je dois éviter*, dira-t-il, *tout ce qui brûle : or, ce charbon brûle* ; *je dois donc l'éviter.* Mais la décomposition de ces jugemens, et la forme syllogistique ne font pas le raisonnement ; ce n'est qu'une manière de l'énoncer ; et dans l'exemple que je viens de rapporter, ce développement est si inutile, qu'il en est ridicule.

Cependant ce même développement devient absolument nécessaire, lorsque les raisonnemens sont fort composés : car alors nous ne pouvons plus embrasser d'une simple vue tous les jugemens et tous les rapports qu'ils renferment. Nous en considérons donc séparément les différentes parties ; nous les développons l'une après l'autre ; nous donnons des signes à chaque idée, à chaque jugement, à chaque rapport. Par ce moyen nous découvrons peu-à-peu ce que nous ne pourrions pas saisir d'un seul coup-d'œil ; et cette décomposition, qui est tout-à-fait frivole dans un raisonnement simple, devient solide dans un raisonnement composé, parce qu'elle y est nécessaire. Cependant l'un et l'autre sont l'effet des mêmes opérations : car, soit qu'on saisisse plusieurs rapports à la première vue, ou qu'on les découvre successivement, on porte dans l'un et l'autre cas des jugemens, dont l'un est une conséquence des autres. Quand, par exemple, un géomètre dit *les trois angles d'un triangle sont égaux à deux droits*, cette proposition est une conséquence des jugemens dont il a formé sa démonstration ; et cette démonstration lui est si familière, qu'il ne tient qu'à lui de s'en représenter toutes les parties à-la-fois. Or je demande si son esprit ne fait pas alors, au même instant, toutes les opérations que fait successivement celui d'un élève qui apprend à démontrer cette vérité.

Le jeune homme de Chartres avoit contracté l'habitude de veiller à ses besoins ; c'est-à-dire, de juger si les choses lui étoient contraires ou favorables, de conclure s'il devoit les fuir ou les éviter, et d'agir en conséquence. Il ne distinguoit pas successivement ces opérations : elles étoient toutes en lui au même instant. Mais la forme qu'elles prennent dans le discours, est tout-à-fait étrangère à l'essence du raisonnement; et c'est pour avoir confondu ces deux choses que la logique est devenue un art si frivole.

Il est vrai que le raisonnement de ce jeune homme étoit fort borné ; il ne raisonnoit point dans ces occasions où l'esprit ne pouvant tout saisir à-la-fois, est obligé de procéder par des développemens qu'on ne peut faire que l'un après l'autre. Il étoit donc naturel *qu'il ne tirât pas de la comparaison de ses idées tout ce qu'il semble qu'il en auroit pu tirer ;* et il ne nous paroîtroit pas même qu'il en eût pu tirer davantage, si l'habitude où nous sommes de nous aider des signes, nous permettoit de remarquer tout ce que nous leur devons. Nous n'aurions qu'à nous mettre à sa place, pour comprendre combien il devoit acquérir peu de connoissance : mais nous jugeons toujours d'après notre situation.

Borné dans ses raisonnemens, sa réflexion, qui n'avoit pour objet que des sensations vives ou nouvelles, n'influoit point dans la plupart de ses actions, et que fort peu dans les autres. Il ne se conduisoit que par l'habitude et par imitation, sur-tout dans les choses qui avoient moins de rapport à ses besoins. C'est ainsi que faisant ce que la dévotion de ses parens exigeoit de lui, il n'avoit jamais songé au motif qu'on pouvoit avoir, et ignoroit qu'il dût y joindre une intention. Peut-être même l'imitation étoit-elle d'autant plus exacte, que la réflexion ne l'accompagnoit point; car les distractions doivent être moins fréquentes dans un homme qui sait peu réfléchir.

*Il s'étoit conduit par imitation et par habitude plutôt que par réflexion.*

Il semble que pour savoir ce que c'est que la vie, ce soit assez d'être et de sentir. Cependant, au hasard d'avancer un paradoxe, je dirai que ce jeune homme en avoit à peine une idée. Pour un être qui ne

*Il ne savoit pas distinctement ce que c'est que la vie ni ce que c'est que la mort.*

réfléchit pas pour nous-mêmes, dans ces momens où, quoiqu'éveillés, nous ne faisons que végéter, les sensations ne sont que des sensations, et elles ne deviennent des idées que lorsque la réflexion nous les fait considérer comme images de quelque chose. Il est vrai qu'elles guidoient ce jeune homme dans la recherche de ce qui étoit utile à sa conservation, et l'éloignoient de ce qui pouvoit lui nuire : mais il en suivoit l'impression sans réfléchir sur ce que c'étoit que se conserver, ou se laisser détruire. Une preuve de la vérité de ce que j'avance, c'est qu'il ne savoit pas bien distinctement ce que c'étoit que la mort. S'il avoit su ce que c'étoit que la vie, n'auroit-il pas vu aussi distinctement que nous, que la mort n'en est que la privation (1) ?

L'illustre secrétaire de l'Académie des

---

(1) La mort peut se prendre encore pour le passage de cette vie dans une autre. Mais ce n'est pas là le sens dans lequel il faut ici l'entendre. M. de Fontenelle ayant dit que ce jeune homme n'avoit point d'idée de Dieu, ni de l'ame, il est évident qu'il n'en avoit pas davantage de la mort prise pour le passage de cette vie dans une autre.

Sciences a fort bien remarqué que le plus grand fonds des idées des hommes, est dans leur commerce réciproque. J'ajoute seulement que c'est l'usage des signes, qui met ce fonds en valeur. Ce sont eux, qui contribuent au plus grand développement des opérations de l'esprit.

Il s'offre cependant une difficulté. Si notre esprit, dira-t-on, ne fixe ses idées que par des signes, nos raisonnemens courent risque de ne rouler souvent que sur des mots, ce qui doit nous jeter dans bien des erreurs.

*De ce que nos idées ne sont déterminées que par des signes, il ne s'ensuit pas que nos raisonnemens ne roulent que sur des mots.*

Je réponds que la certitude des mathématiques lève cette difficulté. Pourvu que nous déterminions si exactement les idées attachées à chaque signe, que nous puissions dans le besoin en faire l'analyse, nous ne craindrons pas plus de nous tromper, que les mathématiciens, lorsqu'ils se servent de leurs chiffres. A la vérité cette objection fait voir qu'il faut se conduire avec beaucoup de précaution, pour ne pas s'engager, comme bien des philosophes, dans des disputes de mots, et dans des questions vaines et puériles : mais par-là elle ne fait que confirmer ce que j'ai moi-même remarqué.

On peut observer ici avec quelle lenteur l'esprit s'élève à la connoissance de la vérité. Locke en fournit un exemple qui me paroît curieux.

*Méprises de Locke au sujet de l'usage des signes.*

Quoique la nécessité des signes pour les idées des nombres ne lui ait pas échappé, il ne parle pas cependant comme un homme bien assuré de ce qu'il avance. Sans les signes, dit-il, avec lesquels nous distinguons chaque collection d'unités, *à peine pourons-nous faire usage des nombres, sur-tout dans les combinaisons fort composées* (1).

Il s'est apperçu que les nôms sont nécessaires pour les idées faites sans modèles, mais il n'en a pas saisi la vraie raison. « L'esprit, dit-il, ayant mis de la liaison
» entre les parties détachées de ses idées
» complexes, cette union qui n'a aucun
» fondement particulier dans la nature,
» cesseroit, s'il n'y avoit quelque chose qui

---

(1) Liv. 2, c. 16, sect. 5.

» la maintînt (1) ». Ce raisonnement devoit, comme il l'a fait, l'empêcher de voir la nécessité des signes pour les notions des substances : car ces notions ayant un fondement dans la nature, c'étoit une conséquence que la réunion de leurs idées simples se conservât dans l'esprit sans le secours des mots.

Il faut bien peu de chose pour arrêter les plus grands génies dans leurs progrès : il suffit, comme on le voit ici, d'une légère méprise qui leur échappe dans le moment même qu'ils défendent la vérité. Voilà ce qui a empêché Locke de découvrir combien les signes sont nécessaires à l'exercice des opérations de l'ame. Il suppose que l'esprit fait des propositions mentales dans lesquelles il joint ou sépare les idées sans l'intervention des mots (2). Il prétend même que la meilleure voie pour arriver à des connoissances, seroit de considérer les idées en elles-mêmes ; mais il remarque qu'on le fait fort rarement : tant, dit-il, la coutume

---

(1) Liv. 3, c. 5. sect. 10.
(2) Liv. 4, c. 5. sect. 3, 4, 5.

d'employer des sons pour des idées a prévalu parmi nous (1). Après ce que j'ai dit, il est inutile que je m'arrête à faire voir combien tout cela est peu exact.

---

(1) Liv. 4, c. 6. sect. 1.

## CHAPITRE VIII.

*De la nécessité et des abus des idées générales.*

ABSTRAIRE, c'est proprement tirer, séparer une chose d'une autre, dont elle faisoit partie; par conséquent les idées abstraites sont des idées partielles séparées de leur tout. Les idées abstraites sont des idées partielles.

Il y a deux sentimens sur ces idées; les uns les prétendent innées; les autres assurent qu'elles sont l'ouvrage de l'esprit. Ceux-là se trompent; ceux-ci sont peu exacts. L'action des sens suffit à la production de quelques idées abstraites; l'esprit concourt avec eux à la production de plusieurs : enfin, aidé de celles qu'il a reçues des sens et de celles auxquelles il a contribué, il en forme par lui-même un grand nombre. Elles ne sont pas innées : elles ne sont pas toutes l'ouvrage de l'esprit.

En effet nos sens décomposent chaque objet. La vue en sépare les couleurs, l'ouïe les sons, etc., et notre ame ne reçoit que Les sens nous donnent des idées abstraites.

des idées partielles. Le toucher est le seul sens qui forme ces collections, où nous trouvons des idées complexes. C'est lui qui réunit dans différens tous, ces idées qui viennent à nous séparément.

Ainsi, dans le principe, l'ame ne compose, ni ne décompose; elle reçoit séparément les idées que les sens séparent; elle reçoit ensemble celles que le toucher réunit.

Avec la seule vue, on n'a que l'idée abstraite de quelque couleur; avec l'ouïe seule, on n'a que l'idée asbtraite de quelque son; mais si on fait usage de la vue, de l'ouïe et du toucher, on a l'idée complexe d'un tout solide, coloré, sonore. Voilà tout l'artifice des idées que nous nous formons des objets sensibles. Les sens commencent, le concours de l'esprit ou de la réflexion survient, et les idées se multiplient.

*Comment nous nous faisons des idées abstraites des facultés de l'ame.* Quant aux idées abstraites que nous acquérons des opérations de notre ame, il suffit de savoir comment toutes nos facultés spirituelles ne sont que la sensation même qui se transforme différemment, pour comprendre que les sens nous donnent des idées abstraites d'*attention*, de *comparaison*, de *jugement*, etc.; mais ils ne les donnent qu'autant qu'ils sont aidés par réflexion de l'esprit.

Toutes nos idées ne sont que différentes combinaisons de ces deux premières espèces. Si nous nous bornons à juger des qualités sensibles que nos sens apperçoivent dans les objets, soit immédiatement, soit par le secours de quelqu'instrument, nous nous faisons toutes les idées abstraites de mathématique et de physique.

*Comment nous avons en idées de toutes espèces.*

Si nous jugeons par analogie des qualités spirituelles qui appartiennent aux objets, nous découvrons les facultés intérieures des animaux.

Si nous jugeons de la cause par les effets, nous nous élevons, par la considération de l'univers, à la connoissance de Dieu.

Enfin, si nous considérons toutes nos facultés, relativement à la fin à laquelle nous connoissons, par la raison, que Dieu nous destine, nous nous formons des idées de religion naturelle, de principes de morale, de vertus, de vices, etc.

C'est dans les idées abstraites, qui sont le fruit de différentes combinaisons, qu'on reconnoît l'ouvrage de l'esprit. Ainsi les idées abstraites de couleur, de son, etc., viennent immédiatement des sens; celles des facultés de notre ame sont dues tout-à-la-fois aux sens et à l'esprit; et les idées de la divinité et de la morale appartiennent à l'esprit seul. Je dis à *l'esprit seul*, parce que les sens n'y concourent plus par eux-mêmes; ils ont fourni les matériaux, et c'est l'esprit qui les met en œuvre.

En faisant des abstractions, nous découvrons des rapports de ressemblance et de différence entre les objets. De-là les idées générales qui ne sont que des idées sommaires, et des expressions abrégées. *Triangle*, dit sommairement tous les triangles de quelqu'espèce qu'ils soient. Un nom abstrait devient une idée générale ou sommaire toutes les fois qu'il est la dénomination de plusieurs choses qui ont des qualités communes. *Couleur, son, odeur, etc.*, sont tout-à-la-fois idées abstraites, et idées sommaires ou générales: idées abstraites, parce que ce sont des idées partielles que nous séparons des objets; idées sommaires, parce que chacune désigne un certain nombre de sensations qui viennent à l'ame par le même organe. C'est sous ce point de vue qu'il faut considérer les idées abstraites et générales, sans quoi on leur donneroit plus de réalité qu'elles n'en ont. Toutes ces idées sont absolument nécessaires. Les hommes étant obligés de parler des choses, selon qu'elles diffèrent ou qu'elles conviennent, il a fallu qu'ils puissent les rapporter à des classes distinguées par des signes.

Mais il faut remarquer que c'est moins par rapport à la nature des choses, que par rapport à la manière dont nous les connoissons, que nous en déterminons les genres et les espèces, ou, pour parler un langage plus familier, que nous les distribuons dans des classes subordonnées les unes aux autres. Voilà pourquoi il y a souvent beaucoup de confusion dans ces sortes d'idées; et c'est pourquoi encore elles donnent souvent lieu à des disputes frivoles. Si nous avions la vue assez perçante pour découvrir dans les objets un

*Nous déterminons les genres et les espèces d'après des connoissances souvent bien imparfaites.*

plus grand nombre de propriétés, nous appercevrions bientôt des différences entre ceux qui nous paroissent le plus conformes, et nous pourrions, en conséquence, les sous-diviser en de nouvelles classes. Quoique différentes portions d'un même métal soient, par exemple, semblables par les qualités que nous leur connoissons, il ne s'ensuit pas qu'elles le soient par celles qui nous restent à connoître. Si nous savions en faire la dernière analyse, peut-être trouverions-nous autant de différence entr'elles, que nous en trouvons maintenant entre des métaux de différente espèce.

*Les idées générales ne sont nécessaires que parce que notre esprit est borné.*

Ce qui rend les idées générales si nécessaires, c'est la limitation de notre esprit. Dieu n'en a nullement besoin ; sa connoissance infinie comprend tous les individus, et il ne lui est pas plus difficile de penser à tous en même temps, que de penser à un seul. Pour nous, la capacité de notre esprit est remplie, non-seulement lorsque nous ne pensons qu'à un objet, mais même lorsque nous ne le considérons que par quelque endroit. C'est pourquoi nous sommes obligés, lorsque nous voulons mettre de l'ordre dans nos pensées, de distribuer les choses en différentes classes.

C'est donc parce que notre intelligence est bornée, que nous faisons des abstractions et que nous généralisons; mais si, dans les abstractions et dans les idées générales, on se conduit avec méthode, l'ordre suppléera à la limitation de l'esprit. En effet, que ne doit-on pas à l'analyse ? C'est elle qui pénètre dans les détails des sciences; elle montre les rapports; elle découvre les principes généraux, et c'est par elle que l'esprit s'élève au-dessus des sens, et paroît penser sans leur secours. Or, analyser c'est décomposer, séparer; c'est-à-dire, abstraire, mais abstraire avec ordre (1).

*La manière de nous en servir suppléera à la limitation de notre esprit.*

Locke croit que les bêtes ne font point d'abstractions, parce qu'il ne voit qu'une perfection dans le pouvoir que nous avons d'en former; mais cette faculté est un défaut dans son principe: d'ailleurs, pour abstraire, il suffit d'avoir des sens.

*Les bêtes ont des idées abstraites.*

---

(1) Voyez la Logique et la première partie de la Grammaire.

De quel secours les idées générales sont à l'esprit.

Les bêtes ont donc des idées abstraites, et même des idées générales; mais dans l'impuissance où elles sont de se faire une langue, elles n'ont pas ces expressions abrégées qui multiplient nos idées à l'infini; car le langage est à l'esprit ce que la statique est au corps; il ajoute à ses forces. L'entendement a ses leviers; avec leur secours il suit, il suspend, il hâte, il soumet la nature; et s'il fait de grandes choses, c'est moins par les forces qui lui sont propres, que par l'art d'employer des forces étrangères.

L'usage de ces forces commence avec les idées sommaires; c'est par ces idées que l'esprit prend son essor, qu'il s'élève, qu'il plane, qu'il redescend pour s'élever plus haut encore; c'est par elles qu'il dispose de ce qu'il connoît pour arriver à ce qu'il ne connoît pas : enfin, c'est par elles seules qu'il peut mettre de l'ordre dans ses connoissances. Les idées générales sont précisément dans la mémoire, ce que sont, dans un cabinet d'histoire naturelle, des tablettes numérotées, sur lesquelles tout est rangé suivant l'ordre des matières.

Cependant si, comme nous l'avons dit, la nécessité de ces idées vient de la limitation de notre esprit; et si ce n'est qu'à force de méthode que nous pouvons suppléer à cette limitation, il est à craindre qu'elles ne nous entraînent dans bien des erreurs. Il en est une où les philosophes sont tombés à ce sujet; et elle a eu de grandes suites ; ils ont réalisé toutes leurs abstractions, ou les ont regardées comme des êtres qui ont une existence réelle, indépendamment de celles des choses (1).

*On est tombé dans l'erreur de les prendre pour des êtres.*

---

(1) Au commencement du douzième siècle les Péripatéticiens formèrent deux branches ; celle des Nominaux et celle des Realistes. Ceux-ci soutenoient que les notions générales que l'école appelle *nature universelle, relations, formalités* et autres, sont des réalités distinctes des choses. Ceux-là, au contraire, pensoient qu'elles ne sont que des noms par où on exprime différentes manières de concevoir; et ils s'appuyoient sur ce principe *que la nature ne fait rien en vain.* C'étoit soutenir une bonne thèse, par une assez mauvaise raison; car c'étoit convenir que ces réalités étoient possibles, et que pour les faire exister, il ne falloit que leur trouver quelque utilité. Cependant ce principe étoit appelé le *rasoir des Nomi-*

*Cause de cette erreur.* Voici, je pense, ce qui a donné lieu à une opinion si absurde.

Toutes nos premières idées ont été particulières : c'étoient certaines sensations que nous regardions comme des modifications de notre être, ou comme les qualités des objets auxquels nous les rapportons. Or toutes ces idées présentent une vraie realité, puisqu'elles ne sont proprement que tel ou tel être modifié de telle ou telle manière. Nous ne saurions, par exemple, rien appercevoir en nous, que nous ne regardions comme à nous, comme appartenant à notre être, ou comme étant notre être de telle ou telle façon ; mais parce que notre esprit est trop borné pour réfléchir en même temps sur un grand nombre de modifications, il prend l'une après l'autre celle qu'il voit dans un objet ; il les sépare, par conséquent, de leur

---

*naux*. La dispute, entre ces deux sectes, fut si vive, qu'on en vint aux mains en Allemagne ; et qu'en France, Louis XI crut devoir défendre la lecture des livres des Nominaux. Ainsi l'autorité sévit contre ceux qui avoient raison : l'autorité ne raisonne pas.

être, il leur ôte toute leur réalité. Cependant on ne peut pas réfléchir sur rien ; car ce seroit proprement ne pas réfléchir. Comment donc ces modifications prises d'une manière abstraite, séparément de l'être auquel elles appartiennent, et auquel elles ne participent qu'autant qu'elles y sont renfermées, deviendroient - elles l'objet de l'esprit? C'est qu'il continue de les regarder comme des êtres. Accoutumé, toutes les fois qu'il les considère dans leur objet, à les appercevoir avec une réalité, dont pour lors elles ne sont pas distinctes, il leur conserve, autant qu'il peut, cette même réalité dans le temps qu'il les distingue de leur sujet. Il se contredit : d'un côté il envisage ces modifications sans aucun rapport à leur être, et elles ne sont plus rien ; d'un autre côté, parce que le néant ne peut se saisir, il les regarde comme quelque chose, et continue de leur attribuer cette même réalité avec laquelle il les a d'abord apperçues, quoiqu'elle ne puisse plus leur convenir. En un mot, ces abstractions, quand elles n'étoient que des idées particulières, se sont liées avec l'idée de l'être, et cette liaison subsiste.

Quelque vicieuse que soit cette contradiction, elle est néanmoins nécessaire, car si l'esprit est trop limité pour embrasser tout-à-la-fois un être et ses modifications, il faudra bien qu'il les distingue, en formant des idées abstraites; et, quoique par-là, les modifications perdent toute la réalité qu'elles avoient, il faudra bien encore qu'il leur en suppose, parce qu'autrement il n'en pourroit jamais faire l'objet de sa réflexion.

C'est cette nécessité qui est cause que bien des philosophes n'ont pas soupçonné que la réalité des idées abstraites fût l'ouvrage de l'imagination. Ils ont vu que nous étions forcés à considérer ces idées comme quelque chose de réel, ils s'en sont tenus là; et n'étant pas remontés à la cause qui nous les fait appercevoir sous cette fausse apparence, ils ont conclu qu'elles sont en effet des êtres.

*Comment nous avons contracté cette habitude.* On a donc réalisé toutes ces notions; mais plus ou moins, selon que les choses, dont elles sont des idées partielles, paroissent avoir plus ou moins de réalité.

Les idées des modifications ont participé à moins de degrés d'êtres que celles des substances; et celles des substances finies en ont encore eu moins que celle de l'être infini (1).

Ces idées réalisées de la sorte ont été d'une fécondité merveilleuse. C'est à elle que nous devons l'heureuse découverte des *qualités occultes, des formes substantielles, des espèces intentionnelles;* ou pour ne parler que de ce qui est commun aux modernes, c'est à elle que nous devons ces genres, ces espèces, ces essences et ces différences, qui sont tout autant d'êtres qui vont se placer dans chaque substance, pour la déterminer à être ce qu'elle est. Lorsque les philosophes se servent de ces mots, *être, substance, essence, genre, espèce,* il ne faut pas s'imaginer qu'ils n'entendent que certaines collections d'idées simples qui nous viennent des sens; ils veulent pénétrer plus avant, et voir dans chacun d'eux des réa-

*Comment on a cru connoître par ce moyen les essences des choses.*

―――――――――――――――――

(1) Descartes lui-même raisonne de la sorte. *Med.*

lités spécifiques. Si même nous descendons dans un plus grand détail, et que nous passions en revue les noms des substances, *corps, animal, homme, métal, or, argent, etc.*, tous dévoilent aux yeux des philosophes, des êtres cachés au reste des hommes.

Une preuve qu'ils regardent ces mots comme signe de quelque réalité, c'est que, quoiqu'une substance ait souffert quelqu'altération, ils ne laissent pas de demander, si elle appartient encore à la même espèce, à laquelle elle se rapportoit avant ce changement : question qui deviendroit superflue, s'ils mettoient les notions des substances, et celles de leurs espèces, dans différentes collections d'idées simples. Lorsqu'ils demandent si de la glace et de la neige sont de l'eau ; si un fœtus monstrueux est un homme ; si Dieu, les esprits, les corps, ou même le vide sont des substances : il est évident que la question n'est pas, si ces choses conviennent avec les idées simples, rassemblées sous ces mots, *eau, homme, substance :* elle se résoudroit d'elle-même. Il s'agit de savoir si ces choses renferment certaines essences, certaines réalités qu'on suppose que ces mots, *eau*, *homme*, *substance* signifient; et comme on ne sait ce qu'on veut dire, on dispute et on ne résout rien.

Ce préjugé a fait imaginer à tous les philosophes qu'il faut définir les substances par la différence la plus prochaine et la plus propre à en expliquer la nature; mais nous sommes encore à attendre d'eux un exemple de ces sortes de définitions. Elles seront toujours défectueuses par l'impuissance où ils sont de connoître les essences, impuissance dont ils ne se doutent pas, parce qu'ils se préviennent pour des idées abstraites qu'ils réalisent, et qu'ils prennent ensuite pour l'essence même des choses (1).

*Comment on a cru pouvoir donner des définitions des substances.*

L'abus des notions abstraites réalisées se montre encore bien visiblement, lorsque les philosophes, non contens d'expliquer à leur manière la nature de ce qui est, ont voulu expliquer la nature de ce

*On a réalisé jusqu'au néant.*

---

(1) Ce sont ces définitions qu'ils prennent pour des principes. *Voyez* la Logique.

qui n'est pas. On les a vu parler des créatures purement possibles, comme des créatures existantes, et tout réaliser, jusqu'au néant d'où elles sont sorties. Où étoient les créatures, a-t-on demandé, avant que Dieu les eût créées ? La réponse est facile : car c'est demander où elles étoient, avant qu'elles fussent ; à quoi, ce me semble, il suffit de répondre qu'elles n'étoient nulle part.

L'idée des créatures possibles n'est qu'une abstraction réalisée que nous avons formée, en cessant de penser à l'existence des choses, pour ne penser qu'aux autres qualités que nous leur connoissons. Nous avons pensé à l'étendue, à la figure, au mouvement et au repos des corps, et nous avons cessé de penser à leur existence. Voilà comment nous nous sommes fait l'idée des corps possibles : idée qui leur ôte toute leur réalité, puisqu'elle les suppose dans le néant ; et qui, par une contradiction évidente, la leur conserve, puisqu'elle nous les représente comme quelque chose d'étendu, de figuré, etc.

Les philosophes n'appercevant pas cette

contradiction, n'ont pris cette idée que par ce dernier endroit. En conséquence, ils ont donné à ce qui n'est point, les réalités de ce qui existe ; et quelques-uns ont cru résoudre d'une manière sensible les questions les plus épineuses de la création.

« Je crains, dit Locke, que la manière
» dont on parle des facultés de l'ame,
» n'ait fait venir à plusieurs personnes
» l'idée confuse d'autant d'agens qui exis-
» tent distinctement en nous, qui ont dif-
» férentes fonctions et différens pouvoirs
» qui commandent, obéissent et exécutent
» diverses choses, comme autant d'êtres
» distincts ; ce qui a produit quantité de
» vaines disputes, de discours obscurs et
» pleins d'incertitude sur les questions
» qui se rapportent à ces différens pou-
» voirs de l'ame ».

*On a réalisé les facultés de l'ame, ce qui adonné lieu à des questions inutiles.*

Cette crainte est digne d'un sage philosophe ; car pourquoi agiteroit-on comme des questions fort importantes : *si le jugement appartient à l'entendement ou à la volonté ; s'ils sont l'un et l'autre également actifs ou également libres, si la volonté est capable de connoissance, ou si ce n'est qu'une faculté aveugle ; si enfin elle commande à l'entendement, ou si celui-ci la guide et la détermine ?* Si, par *entendement* et *volonté*, les philosophes ne vouloient exprimer que l'ame envisagée par rapport à certains actes qu'elle produit ou peut produire; il est évident que le jugement, l'activité et la liberté appartiendroient à l'entendement, ou ne lui appartiendroient pas, selon qu'en parlant de cette faculté, on considéreroit l'ame comme active ou comme passive. Il en est de même de la volonté. Il suffit, dans ces sortes de cas, d'expliquer les termes, en déterminant, par des analyses exactes, les notions qu'on se fait des choses. Mais les philosophes ayant été obligés de se représenter l'ame par des abstractions, ils en ont multiplié l'être, et l'entendement et la volonté ont subi le sort de toutes les notions abstraites. Ceux-mêmes, tels que les Cartésiens, qui ont remarqué expressément que ce ne sont point là des êtres distingués de l'ame, ont agité toutes les questions que je viens de rapporter ; ils ont donc réalisé ces notions abstraites contre leur intention, et sans s'en appercevoir. C'est qu'ignorant la manière de les analyser, ils étoient incapables d'en connoître les défauts, et, par conséquent, de s'en servir avec toutes les précautions nécessaires.

Les abstractions sont donc souvent des fantômes que les philosophes prennent pour les choses mêmes. Ce qu'ils ont écrit sur l'espace et sur la durée est encore un exemple.

L'espace pur n'est qu'une abstraction. La marque à laquelle on ne peut méconnoître ces sortes d'idées, c'est qu'on ne peut les appercevoir que par différentes suppositions. Comme elles font partie de quelque notion complexe, l'esprit ne sauroit les former qu'en cessant de penser aux autres idées partielles auxquelles elles sont unies. C'est à quoi les suppositions l'engagent, quoique d'une manière artificieuse. Lorsqu'on dit, *supposez un corps anéanti, et conservez ceux qui l'environnent dans la même distance où ils étoient,* au lieu d'en conclure l'existence de l'espace pur, nous en devrions seule-

*Les abstractions réalisées ont fait raisonner mal sur l'espace,*

ment inférer que nous pouvons continuer de considérer l'étendue, dans le temps que nous ne considérons plus les autres idées partielles que nous avons du corps. C'est tout ce que peut cette supposition, et celles qui lui ressemblent. Mais de ce que nous pouvons diviser de la sorte nos notions, il ne s'ensuit pas qu'il y ait dans la nature des êtres qui répondent à chacune de nos idées partielles. Il est à craindre que ce ne soit ici qu'un effet de l'imagination, qui, ayant feint qu'un corps est anéanti, est obligée de feindre un espace entre les corps environnans; il se peut qu'elle ne se fasse une idée abstraite d'espace, que parce qu'elle conserve l'étendue même des corps qu'elle suppose rentrés dans le néant. Ce n'est pas que je prétende que cet espace n'existe pas; je veux seulement dire que l'idée que nous nous en formons, n'en démontre pas l'existence.

*Et sur la durée.* Il en est de même de l'idée de la durée. Ce n'est qu'une abstraction; c'est d'après la succession de nos idées, que nous nous représentons la durée des choses qui sont hors de nous. Tout prouve donc que nous ne connoissons ni la nature de l'espace, ni celle de la durée. Mais le grand défaut des abstractions réalisées, c'est de nous persuader que nous n'ignorons rien.

Je ne sais si, après ce que je viens de dire, on pourra enfin abandonner toutes ces abstractions réalisées; plusieurs raisons me font appréhender le contraire. 1°. Il faut se souvenir que nous avons dit que les noms des substances tiennent dans notre esprit la place que les sujets occupent hors de nous; ils y sont le lien et le soutien des idées simples, comme au-dehors les sujets le sont des qualités. Voilà pourquoi nous sommes toujours tentés de les rapporter à ce sujet, et de nous imaginer qu'ils en expriment la réalité même.

En second lieu, je remarquerai que nous pouvons connoître toutes les idées simples qui entrent dans les notions que nous formons sans modèle. Or l'essence d'une chose étant, selon les philosophes, ce qui la constitue ce qu'elle est, c'est une conséquence que nous puissions dans ces oc-

*Pourquoi nous sommes portés à réaliser nos abstractions.*

casions avoir des idées des essences : aussi leur avons-nous donné des noms. Par exemple, celui de *justice* signifie l'essence du juste, celui de *sagesse* l'essence du sage, etc. C'est peut-être là une des raisons qui ont fait croire aux scholastiques que, pour avoir des noms qui exprimassent les essences des substances, ils n'avoient qu'à suivre l'analogie du langage; et ils ont fait les mots de *corporéité*, d'*animalité* et d'*humanité*, pour désigner les essences du *corps*, de l'*animal* et de l'*homme*. Ces termes leur étant devenus familiers, il est bien difficile de leur persuader qu'ils sont vides de sens.

En troisième lieu, il n'y a que deux moyens de se servir des mots : s'en servir après avoir fixé dans son esprit toutes les idées simples qu'ils doivent signifier, ou seulement après les avoir supposés signes de la réalité même des choses. Le premier moyen est, pour l'ordinaire, embarrassant, parce que l'usage n'est pas toujours assez décidé. Les hommes voyant les choses différemment, selon l'expérience qu'ils ont acquise, il est difficile qu'ils s'accordent

sur le nombre et sur la qualité des idées
de bien des noms. D'ailleurs, lorsque cet
accord se rencontre, il n'est pas toujours
aisé de saisir dans sa juste étendue le sens
d'un terme : pour cela il faudroit du temps,
de l'expérience et de la réflexion. Il est bien
plus commode de supposer dans les choses
une réalité dont on regarde les mots comme
les véritables signes : d'entendre par ces,
mots, *homme*, *animal*, etc., une entité
qui détermine et distingue ces choses, que
de faire attention à toutes les idées simples
qui peuvent leur appartenir. Cette voie sa-
tisfait tout-à-la-fois notre impatience et
notre curiosité. Peut-être y a-t-il peu de
personnes, même parmi celles qui ont le
plus travaillé à se défaire de leurs préjugés, qui ne sentent quelque penchant à
rapporter tous les noms des substances à
des réalités inconnues. Cela paroît même
dans des cas où il est facile d'éviter l'erreur, parce que nous savons bien que les
idées que nous réalisons ne sont pas de
véritables êtres, je veux parler des êtres
moraux : tels que la *gloire*, la *guerre*,
la *renommée*, auxquels nous n'avons donné

la dénomination d'*être*, que parce que dans les discours les plus sérieux, comme dans les conversations les plus familières, nous les imaginons sous cette idée.

<small>Il n'en résulte que des erreurs et un jargon que nous prenons pour science.</small>

C'est là certainement une grande source d'erreurs. Il suffit d'avoir supposé que les mots répondent à la réalité des choses, pour les confondre avec elles, et pour conclure qu'ils en expliquent parfaitement la nature. Voilà pourquoi celui qui fait une question, et qui s'informe ce que c'est que tel ou tel corps, croit, comme Locke le remarque, demander quelque chose de plus qu'un nom, et que celui qui lui répond, *c'est du fer*, croit aussi lui apprendre quelque chose de plus. Mais avec un tel jargon, il n'y a point d'opinion, quelque inintelligible qu'elle puisse être, qui ne se soutienne : il ne faut plus s'étonner de la vogue des différentes sectes.

<small>D'où il arrive qu'on ne peut pas expliquer les choses les plus simples.</small>

Il est donc bien important de ne pas réaliser nos abstractions. Pour éviter cet inconvénient, je ne connois qu'un moyen, c'est de savoir développer, dès l'origine, la génération de toutes nos notions abstraites. Ce moyen a été inconnu aux philosophes, et c'est en vain qu'ils ont tâché d'y suppléer par des définitions. La cause de leur ignorance à cet égard, c'est le préjugé où ils ont toujours été qu'il falloit commencer par les idées générales, car, lorsqu'on s'est défendu de commencer par les particulières, il n'est pas possible d'expliquer les plus abstraites qui en tirent leur origine. En voici un exemple.

Après avoir défini l'impossible, par *ce qui implique contradiction* (1) ; le possible, par *ce qui ne l'implique pas* ; et l'être, par *ce qui peut exister*, on n'a pas su donner d'autre définition de l'existence, sinon qu'elle est *le complément de la possibilité*. Mais je demande si cette définition présente quelque idée, et si l'on ne seroit pas en droit de jeter sur elle le ridicule qu'on a donné à quelques-unes de celles d'Aristote.

*Exemple de jargon.*

Si le possible est *ce qui n'implique pas contradiction*, la possibilité est la *non implication de contradiction*. L'existence

---

(1) Wolf.

est donc le *complément de la non implication de contradiction*. Quel langage ! En observant mieux l'ordre naturel des idées, on auroit vu que la notion de la possibilité ne se forme que d'après celle de l'existence.

Je pense qu'on n'adopte ces sortes de définitions, que parce que, connoissant d'ailleurs la chose définie, on n'y regarde pas de si près. L'esprit qui est frappé de quelque clarté, la leur attribue, et ne s'apperçoit pas qu'elles sont inintelligibles. Cet exemple fait voir combien il est important de substituer toujours des analyses aux définitions des philosophes. Je crois même qu'on devroit porter le scrupule jusqu'à éviter de se servir des expressions dont ils paroissent le plus jaloux. L'abus en est devenu si familier, qu'il est difficile, quelque soin qu'on se donne, qu'elles ne fassent mal saisir une pensée au commun des lecteurs. Locke en est un exemple. Il est vrai qu'il n'en fait, pour l'ordinaire, que des applications fort justes ; mais on l'entendroit dans bien des endroits avec plus de facilité, s'il les avoit entièrement bannies de son style. Je n'en juge, au reste, que par la traduction.

Ces détails font voir quelle est l'influence des idées abstraites. Si leurs défauts ignorés ont fort obscurci toute la métaphysique aujourd'hui qu'ils sont connus, il ne tiendra qu'à nous d'y remédier.

## CHAPITRE IX.

### *Des principes généraux et de la synthèse.*

<small>Comment les propositions générales ont été regardées comme principes propres à conduire à des découvertes.</small> LA facilité d'abstraire et de décomposer a introduit de bonne heure l'usage des propositions générales. On ne put être long-temps sans s'appercevoir qu'étant le résultat de plusieurs connoissances particulières, elles sont propres à soulager la mémoire, et à donner de la précision au discours; mais elles dégénérèrent bientôt en abus, et donnèrent lieu à une manière de raisonner fort imparfaite. En voici la raison.

Les premières découvertes dans les sciences ont été si simples et si faciles, que les hommes les ont faites sans remarquer la méthode qu'ils avoient suivie. Cette méthode étoit bonne, puisqu'elle leur avoit fait faire des découvertes, mais ils la suivoient à leur insu; comme aujourd'hui beaucoup de personnes parlent bien, sans avoir aucune connoissance des règles du langage. Dès qu'ils ne savoient pas la route qu'ils avoient tenue, il ne leur étoit pas possible de montrer la route qu'il falloit prendre; et il ne leur resta pas d'autres moyens pour convaincre de la vérité de leurs découvertes, que de faire voir qu'elles s'accordoient avec les propositions générales que personne ne révoquoit en doute. Cela fit croire que ces propositions étoient la vraie source de nos connoissances. On leur donna, en conséquence, le nom de *principe* ; et ce fut un préjugé généralement reçu, et qui l'est encore, qu'on ne doit raisonner que par principes (1). Ceux qui, dans la suite, découvrirent de nouvelles vérités, parce qu'ils avoient observé comment on pouvoit faire des découvertes, crurent, pour donner une plus grande idée de leur pénétration, devoir faire un mystère de la

---

(1) Je n'entends point ici par *principes* des observations confirmées par l'expérience. Je prends ce mot dans le sens ordinaire aux philosophes, qui appellent *principes* les propositions générales et abstraites sur lesquelles ils bâtissent leurs systèmes.

méthode qu'ils avoient suivie. Ils se contentèrent de les exposer par le moyen des principes généralement adoptés; et le préjugé reçu, s'accréditant de plus en plus, fit naître des systêmes sans nombre.

*L'inutilité et l'abus de ces principes paroissent surtout dans la synthèse.*

L'inutilité et l'abus des principes paroît sur-tout dans la synthèse : méthode où il semble qu'il soit défendu à la vérité de paroître, qu'elle n'ait été précédée d'un grand nombre d'axiomes, de définitions et d'autres propositions prétendues fécondes. L'évidence des démonstrations mathématiques, et l'approbation que tous les savans donnent à cette manière de raisonner, suffiroient pour persuader que je n'avance qu'un paradoxe insoutenable. Mais les mathématiciens ont tort de faire usage de la méthode synthétique : aussi n'est-ce point à cette méthode que les mathématiques doivent leur certitude. En effet, si cette science avoit été susceptible d'autant d'erreurs, d'obscurités et d'équivoques que la métaphysique, la synthèse auroit été tout-à-fait propre à les entretenir et à les multiplier de plus en plus; et si les idées des mathématiciens sont exactes, c'est qu'elles sont l'ouvrage de l'analyse. La méthode que je blâme, peu propre à corriger un principe vague, une notion mal déterminée, laisse subsister tous les vices d'un raisonnement, ou les cache sous les apparences d'un grand ordre, qui est aussi superflu qu'il est sec et rebutant. Je renvoie, pour s'en convaincre, aux ouvrages de métaphysique, de morale et de théologie, où l'on a voulu s'en servir (1).

Il suffit de considérer qu'une proposition générale n'est que le résultat de nos

<small>Ces Principes ne peuvent conduire à aucune découverte.</small>

---

(1) Descartes, par exemple, a-t-il répandu plus de jour sur ses méditations métaphysiques, quand il a voulu les démontrer selon les règles de cette méthode? Peut-on trouver de plus mauvaises démonstrations que celles de Spinosa? Je pourrois encore citer Mallebranche, qui s'est quelquefois servi de la synthèse : Arnaud qui en a fait usage dans un assez mauvais traité sur les idées et ailleurs ; l'auteur de l'Action de Dieu sur les créatures, et plusieurs autres. On diroit que ces écrivains se sont imaginés que, pour démontrer géométriquement, ce soit assez de mettre dans un certain ordre les différentes parties d'un raisonnement sous les titres d'*axiomes*, de *définitions*, de *demandes*, etc.

connoissances particulières, pour s'appercevoir qu'elle ne peut nous faire descendre qu'aux connoissances qui nous ont élevés jusqu'à elle, ou qu'à celles qui auroient également pu nous en frayer le chemin. Par conséquent, bien loin d'en être le principe, elle suppose qu'elles sont toutes connues par d'autres moyens, ou que du moins elles peuvent l'être. En effet, pour exposer la vérité avec l'étalage des principes que demande la synthèse, il est évident qu'il faut déjà en avoir connoissance. Cette méthode, propre tout au plus à démontrer, d'une manière fort abstraite, des choses qu'on pourroit prouver d'une manière bien plus simple, éclaire d'autant moins l'esprit, qu'elle cache la route qui conduit aux découvertes. Il est même à craindre qu'elle n'en impose, en donnant de l'apparence aux paradoxes les plus faux; parce qu'avec des propositions détachées et souvent fort éloignées les unes des autres, il est aisé de prouver tout ce qu'on veut, sans qu'il soit facile d'appercevoir par où un raisonnement pèche : on en peut trouver des exemples en métaphysique. Enfin elle n'abrège pas, comme on se l'imagine communément ; car il n'y a point d'auteurs qui tombent dans des redites plus fréquentes, et dans des détails plus inutiles que ceux qui s'en servent, sans en excepter les mathématiciens.

Il me semble, par exemple, qu'il suffit de réfléchir sur la manière dont on se fait l'idée d'un tout et d'une partie, pour voir évidemment que le tout est plus grand que sa partie. Cependant plusieurs géomètres modernes, après avoir blâmé Euclide, parce qu'il a négligé de démontrer ces sortes de propositions, entreprennent d'y suppléer. En effet, la synthèse est trop scrupuleuse pour laisser rien sans preuve : voici comment un géomètre a la précaution de prouver que le tout est plus grand que sa partie.

*Ils donnent lieu à des démonstrations frivoles.*

### DÉFINITION.

Un tout est plus grand qu'un autre tout, lorsqu'une de ses parties est égale à cet autre tout ; et un tout est plus petit qu'un autre tout, lorsqu'il est égal à une partie de cet autre tout. *Majus est cujus pars alteri toti æqualis est, minus verò quod parti alterius æquale.*

### AXIOME.

Le même est égal à lui-même. *Idem est æquale sibimet ipsi.*

### THÉORÊME.

Le tout est plus grand que sa partie. *Totum majus est suâ parte.*

### DÉMONSTRATION.

Un tout est plus grand qu'un autre tout, lorsqu'une de ses parties est égale à cet autre tout ( par la définition ); mais chaque partie d'un tout est égale à une partie de ce tout, c'est-à-dire, que chaque partie d'un tout est égale à elle-même ( par l'axiome ). Donc un tout est plus grand que sa partie. *Cujus pars alteri toti æqualis est idipsum altero majus*, ( ch. 18). *Sed quælibet pars totius parti totius, hoc est, sibi ipsi æqualis est,* ( ch. 73 ). *Ergo totum quálibet suá parte majus est* ( 1 ).

Il faudroit un commentaire pour faire entendre ce raisonnement, au moins aurois-je besoin qu'on en fît un pour moi ; car j'avoue que je ne saurois le traduire en français.

Quoi qu'il en soit, il me paroît que la définition n'est ni plus claire, ni plus évidente que le théorème, et que, par conséquent, elle ne sauroit servir à sa preuve. Cependant on donne cette démonstration pour exemple d'une analyse parfaite : car dit-on, *elle est renfermée dans un syllogisme, dont une prémisse est une définition, et l'autre une proposition identique ; ce qui est le signe d'une analyse parfaite.*

Si c'étoit là tout le secret de l'analyse, on conviendra que ce seroit une méthode bien frivole ; mais c'est la synthèse qu'emploie M. Wolf, et l'analyse est toute autre chose, comme je l'ai fait voir dans ma

---

( 1 ) Cette démonstration est tirée des élémens de Mathématiques de M. Wolf.

Logique. Ennemis des notions vagues, et de tout ce qui peut être contraire à l'exactitude et à la précision , ce n'est point à l'aide des maximes générales, des définitions de mot et des syllogismes , qu'elle cherche la vérité , c'est avec le secours du calcul ; elle ajoute, elle soustrait, et elle tend, s'il est possible, à épuiser les combinaisons.

*A quoi se borne l'usage qu'on doit faire des principes généraux.*

Quant aux principes généraux , ce ne sont que des résultats qui peuvent tout au plus servir à marquer les principaux endroits par où on a passé. Ainsi que le fil du labyrinthe , inutile quand nous voulons aller en avant, ils ne font que faciliter les moyens de revenir sur nos pas. S'ils sont propres à soulager la mémoire et à abréger les disputes , en indiquant brièvement les vérités dont on convient de part et d'autre, ils deviennent ordinairement si vagues que, si on n'en use avec précaution , ils multiplient les disputes et les font dégénérer en pures questions de mot. Le seul moyen d'acquérir des connoissances est donc de remonter à l'origine de nos idées, d'en suivre la génération, et de les comparer sous tous les rapports possibles, c'est-à-dire, de décomposer et composer méthodiquement ce que j'appelle *analyser*.

Il est vrai qu'on fait ordinairement deux méthodes de ce que je renferme en une seule. On veut que l'analyse ne soit que ce qu'elle signifie littéralement, une décomposition ; et on fait de l'art de composer une méthode à part, à laquelle on donne le nom de synthèse. En distinguant l'analyse et la synthèse, on donne lieu de croire qu'il est libre de choisir entre elles. Voilà pourquoi tant de philosophes entreprennent d'expliquer la composition et la génération des choses qu'ils n'ont jamais décomposées ; et c'est la source de quantité de mauvais systèmes. Que penseroit-on d'un homme qui, sans démonter, sans même ouvrir une montre, dont il ne connoîtroit point les ressorts, établiroit des principes généraux pour en expliquer le mécanisme ? Telle est cependant la conduite de ceux qui se bornent uniquement à la synthèse. Il est donc certain qu'on ne fait des progrès dans la recherhe de la

*Pour arriver à des découvertes il faut décomposer et composer.*

vérité, qu'autant que l'art de composer et celui de décomposer se réunissent dans une même méthode. Il faut les connoître tous deux également, et faire continuellement usage de l'un et de l'autre.

<small>Abus des syllogismes.</small> Le syllogisme est le grand instrument de la synthèse. Sur le principe que *deux choses égales à une troisième sont égales entre elles*, les logiciens ont imaginé des idées qu'ils appellent *moyennes*; et comparant séparément à la même idée moyenne deux idées, dont ils veulent démontrer le rapport, ils font deux propositions, et ils tirent une conclusion qui énonce ce rapport. Tel est l'artifice du syllogisme; mais c'est faire consister le raisonnement dans la forme du discours, plutôt que dans le développement des idées. Voici un exemple tel qu'ils en donnent eux-mêmes :

Les méchans méritent d'être punis,

Or, les voleurs sont méchans;

Donc les voleurs méritent d'être punis.

*Méchans* est l'idée moyenne qui convient dans une proposition *à méritent d'être punis*, et dans l'autre à *voleurs* ; et *les voleurs méritent d'être punis* est la conclusion.

Rien n'est plus frivole que cette méthode, car il suffit de décomposer l'idée de voleur, et celle d'un homme qui mérite d'être puni, pour découvrir une identité entre l'une et l'autre. Dès-lors il est démontré que le voleur mérite punition. Il importe peu de la forme que je donne à mon raisonnement : toute la force de la démonstration est dans l'identité que la décomposition des idées rend sensible.

Il ne sauroit y avoir d'inconvénient à décomposer des idées, et à les comparer partie par partie; il est même évident que c'est l'unique moyen d'en découvrir les rapports. La géométrie ne connoît pas d'autre méthode ; elle ne mesure qu'en décomposant, et les idées moyennes, dont les logiciens font tant d'usage, ne sont qu'une source d'abus.

On dit communément qu'il faut avoir des principes. On a raison ; mais je me trompe fort, ou la plupart de ceux qui répètent cette maxime ne savent guère ce

*Comment on doit se faire des principes.*

qu'ils exigent. Il me paroît même que nous ne comptons pour principes, que ceux que nous avons nous-mêmes adoptés; et en conséquence nous accusons les autres d'en manquer, quand ils refusent de les recevoir. Si l'on entend par *principes* des propositions générales qu'on peut, au besoin, appliquer à des cas particuliers, qui est-ce qui n'en a pas ? Mais aussi quel mérite y a-t-il à en avoir ? Ce sont des maximes vagues, dont rien n'apprend à faire de justes applications. Dire d'un homme qu'il a de pareils principes, c'est faire connoître qu'il est incapable d'avoir des idées nettes de ce qu'il pense. Si l'on doit donc avoir des principes, ce n'est pas qu'il faille commencer par-là, pour descendre ensuite à des connoissances moins générales ; mais c'est qu'il faut avoir bien étudié les vérités particulières, et s'être élevé d'abstraction en abstraction, et par une suite d'analyses jusqu'aux propositions universelles. Ces sortes des principes sont naturellement déterminés par les connoissances particulières qui y ont conduit ; on en voit toute l'étendue, et l'on peut s'assurer de s'en servir toujours avec exactitude. Dire qu'un homme a de pareils principes, c'est donner à entendre qu'il connoît parfaitement les arts et les sciences dont il fait son objet, et qu'il apporte par-tout de la netteté et de la précision.

## CHAPITRE X.

*Des propositions identiques et des propositions instructives, ou des définitions de mot et des définitions de chose.*

<small>Après avoir observé nos connoissances dans les principes généraux, il les faut observer dans les propositions particulières.</small>

LES idées abstraites et les principes généraux font un système de toutes nos connoissances : c'est le résultat, l'expression abrégée de nos découvertes : c'est un sommaire qui marque entre nos idées une liaison plus ou moins sensible, à proportion que nous avons étudié avec plus ou moins de méthode.

Si nous descendons dans le détail, nous trouvons chaque connoissance exprimée par une proposition, et chaque proposition exprimée par des mots dont la signification doit être déterminée. Après avoir parlé des idées abstraites et des principes généraux, il est donc naturel de traiter des propositions et des définitions.

<small>Toute proposition vraie est une</small> Une proposition identique est celle où

la même idée est affirmée d'elle-même, et *proposition identique.* par conséquent, toute vérité est une proposition identique. En effet, cette proposition, *l'or est jaune, pesant, fusible, etc.* n'est vraie, que parce que je me suis formé de l'or une idée complexe qui renferme toutes ces qualités. Si, par conséquent, nous substituons l'idée complexe au nom de la chose, nous aurons cette proposition: *ce qui est jaune, pesant, fusible, est jaune, pesant, fusible.*

En un mot, une proposition n'est que le développement d'une idée complexe en tout ou en partie. Elle ne fait donc qu'énoncer ce qu'on suppose déjà renfermé dans cette idée : elle se borne donc à affirmer que le même est le même.

Cela est sur-tout sensible dans cette proposition et ses semblables: *deux et deux font quatre.* On le remarqueroit encore dans toutes les propositions de géométrie, si on les observoit dans l'ordre où elles naissent les unes des autres. La même idée est également affirmée d'elle-même dans *les trois angles d'un triangle sont égaux à deux droits,* et dans *la demi-circonfé-*

*rence du cercle est égale à la demi-circonférence du cercle.*

Les sciences humaines ne sont-elles donc qu'un recueil de propositions frivoles? On l'a reproché aux mathématiques; mais ce reproche est sans fondement.

Un être pensant ne formeroit point de propositions, s'il avoit toutes les connoissances, sans les avoir acquises, et si sa vue saisissoit à-la-fois et distinctement toutes les idées et tous les rapports de ce qui est. Tel est Dieu : chaque vérité est pour lui comme deux et deux font quatre, il les voit toutes dans une seule, et rien sans doute n'est si frivole à ses yeux que cette science dont nous enflons notre orgueil, quoiqu'elle soit bien propre à nous convaincre de notre foiblesse.

<small>Comment une proposition identique peut être instructive.</small> Un enfant qui apprend à compter, croit faire une découverte, la première fois qu'il remarque que deux et deux font quatre. Il ne se trompe pas ; c'en est une pour lui. Voilà ce que nous sommes.

Quoique toute proposition vraie soit en elle-même identique, elle ne doit pas le paroître à celui qui remarque, pour la première fois, le rapport des termes dont elle est formée. C'est, au contraire, une proposition instructive, une découverte.

Par conséquent, une proposition peut être identique pour vous et instructive pour moi. *Le blanc est blanc,* est identique pour tout le monde, et n'apprend rien à personne. *Les trois angles d'un triangle sont égaux à deux droits,* ne peut être identique que pour un géomètre.

<small>Une proposition, instructive pour un esprit, peut n'être qu'identique pour un autre.</small>

Ce n'est donc point en elle-même, qu'il faut considérer une proposition, pour déterminer si elle est identique ou instructive; mais c'est par rapport à l'esprit qui en juge.

Une intelligence d'un ordre supérieur pourroit à ce sujet regarder nos plus grands philosophes, comme nous regardons nous-mêmes les enfans : elle pourroit, par exemple, donner pour un des premiers axiomes de géométrie *le quarré de l'hypoténuse est égal aux quarrés des deux autres côtés.* Cependant que feroit-elle dans les sciences qu'elle se flatteroit d'avoir approfondies ? Un recueil de propositions, où elle diroit de mille manières différentes *le même est le même.* Elle appercevroit au premier coup d'œil l'identité de toutes nos propositions, parce que ses lumières seroient supérieures aux nôtres ; et parce qu'il y auroit encore des ténèbres pour elle, elle feroit des analyses pour faire des découvertes, c'est-à-dire, pour faire des propositions identiques. Ce n'est qu'à des esprits bornés, qu'il appartient de créer des sciences.

<small>Pourquoi une proposition identique en soi, est instructive pour nous.</small>
Il y a deux raisons qui font qu'une proposition identique en elle-même est instructive pour nous. La première, c'est que nous n'acquérons que l'une après l'autre les idées partielles, qui doivent entrer dans une notion complexe. Je vois de l'or, je connois qu'il est jaune ; je le saisis, je sens qu'il est pesant ; je le mets au feu, je découvre qu'il est fusible : d'autres expériences m'apprennent également qu'il est malléable, ductile, etc. Ainsi quand je dis *l'or est ductile, malléable*, c'est la même chose que si je disois : *ce corps que je savois être jaune, pesant et fusible, est encore ductile et malléable.*

La seconde raison est dans l'impuissance où nous sommes d'embrasser à-la-fois distinctement toutes les idées partielles que nous avons renfermées dans une notion complexe. Quand je prononce le mot *or*, par exemple, je me représente confusément certaines propriétés : mais ces propriétés passent distinctement devant mon esprit, toutes les fois que j'affirme que ce métal est jaune, qu'il est pesant, etc.; et ces propositions sont instructives, parce qu'en les formant, je rapprends ce que l'expérience m'avoit découvert.

Tout un système peut n'être qu'une seule et même idée. Tel est celui dans lequel la sensation devient successivement attention, mémoire, comparaison, jugement, réflexion, etc.; idée simple, complexe, sensible, intellectuelle, etc.; il renferme une suite de propositions instructives par rapport à nous, mais toutes identiques en elles-mêmes; et chacun remarquera que cette maxime générale qui comprend tout ce système, *les connoissances et les facultés humaines ne sont dans le principe que sensation*, peut être rendue par une expression plus abrégée, et tout-à-fait identique ; car étant bien analysée, elle ne

*Tout un système peut n'être qu'une seule et même idée.*

signifie autre chose, sinon que *les sensations sont des sensations.* Si nous pouvions, dans toutes les sciences, suivre également la génération des idées, et saisir par-tout le vrai système des choses, nous verrions d'une vérité naître toutes les autres, et nous trouverions l'expression abrégée de tout ce que nous saurions dans cette proposition identique, *le même est le même.*

<small>Trois sortes de définitions.</small> Il y a trois sortes de définitions. L'une est une proposition qui explique la nature de la chose : les mathématiques et la morale en donnent des exemples. L'autre ne remonte pas jusqu'à la nature de la chose ; mais, parmi les propositions connues, elle en saisit une d'où toutes les autres découlent. Telle est celle-ci, *l'ame est un être capable de sensation.* Ces sortes de définitions sont imparfaites : encore est-il rare d'en pouvoir faire d'aussi bonnes. Car plus nous connoissons de propriétés dans un objet, plus il nous est difficile d'en découvrir une qui soit le principe des autres. Il ne nous reste donc qu'à faire l'énumération de toutes ces propriétés, à décrire la chose comme nous la voyons; et c'est la dernière

espèce de définitions. Au reste toutes ces définitions, si elles sont bonnes, se réduisent à des analyses.

Toute définition de mot est en soi une définition de chose, et par conséquent une proposition instructive. Mais c'est un effet des bornes de notre esprit, s'il y a des propositions instructives et des définitions de chose. Les analyses, par exemple, que j'ai faites des opérations de l'ame, sont des définitions de chose pour celui qui ne se connoît pas encore, et pour celui qui, se connoissant, ne peut pas saisir d'un même coup-d'œil la génération de toutes nos facultés, c'est-à-dire, pour tout le monde. Mais des esprits d'un ordre supérieur ne les regarderoient que comme des définitions de mots propres à leur faire connoître l'usage des différens noms que nous donnons à la sensation. Il faut faire ici les mêmes raisonnemens que nous avons faits sur les propositions.

*Comment les définitions de mot sont des définitions de chose.*

J'ai cru qu'il étoit utile, et qu'il suffisoit d'apprécier la valeur des propositions et des définitions; et j'ai négligé les détails où entrent les logiciens. Qu'importe de savoir

*Recherches inutiles des logiciens.*

combien il y a de sortes de propositions et de syllogismes ? Quel avantage retire-t-on de toutes ces règles, qu'on a imaginées pour les raisonnemens ? qu'on sache se faire des idées exactes, et on saura raisonner.

## CHAPITRE XI.

*De notre ignorance sur les idées de substance, de corps, d'espace, et de durée.*

Les métaphysiciens font bien des efforts pour sonder la nature de ces choses : mais je crois devoir me borner à établir les idées que nous en formons. S'ils avoient commencé par cette étude, ils se seroient épargué bien des travaux.

Nous nous connoissons par les sensations que nous éprouvons, ou par celles que nous avons éprouvées et que la mémoire nous rappelle. Mais quel est cet être, où nos sensations se succèdent ? Il est évident que nous ne l'appercevons point en lui-même : il ne se connoîtroit pas, s'il ne se sentoit jamais : il ne se connoît que comme quelque chose qui est dessous ses sensations : et en conséquence nous l'appelons *substance*.

<small>Nous ne connoissons le sujet de nos sensations que par les sensations qu'il éprouve.</small>

*Nous ne connoissons les corps que par les qualités, dont nous les revêtissons.*

Ces mêmes sensations deviennent les qualités des objets sensibles, lorsque le sentiment de solidité nous oblige de les rapporter au-dehors, et d'en former ces différentes collections, auxquelles nous donnons le nom de *corps*. Nous nous représentons quelque chose pour les recevoir, quelque chose que nous imaginons encore dessous, et que par cette raison nous nommons encore *substance*. Mais, dans le vrai, nos sensations n'existent point hors de nous; elles ne sont qu'où nous sommes, et cette question *qu'est-ce que la substance des corps*, se réduit à celle-ci : *qu'est-ce qui soutient nos sensations hors de nous, qu'est-ce qui les soutient où elles ne sont pas ?* Pour faire une question plus raisonnable, il faudroit demander, *qu'y a-t-il hors de nous, quand nos sens nous font juger qu'il y a des qualités qui n'y sont pas ?* A quoi tout le monde devroit répondre: *il y a certainement quelque chose, mais nous n'en connoissons pas la nature.*

Ce n'est pas ce qu'on a fait. Chacun, au contraire, a voulu expliquer l'essence de la substance, comme s'il étoit possible d'appercevoir dans les objets autre chose que nos sensations : par les apparences sous lesquelles les êtres se montrent à nous, on a voulu juger de ce qu'ils sont en réalité; et les volumes se sont multipliés, parce qu'on n'a jamais tant de choses à dire, que lorsqu'on part d'un faux principe. Voilà pourquoi la métaphysique est souvent la plus frivole de toutes les sciences.

Rien dans l'univers n'est visible pour nous : nous n'appercevons que les phénomènes produits par le concours de nos sensations.

<small>L'étendue et le mouvement sont deux phénomènes, que tous les autres supposent.</small>

Tous ces phénomènes sont subordonnés. Le premier, celui que les autres supposent, c'est l'étendue. Car nos sensations ne nous représentent la figure, la situation, etc. que comme une étendue différemment modifiée. Le mouvement est le second : c'est lui qui paroît produire toutes les modifications de l'étendue. Enfin l'un et l'autre concourent à la génération de tout ce que nous appelons *objets sensibles*.

Mais gardons-nous bien de penser que les idées que nous avons de l'étendue et du

<small>Ces phénomènes ne font pas connoître la réalité des choses.</small>

mouvement, sont conformes à la réalité des choses. Quels que soient les sens qui nous donnent ces idées, il ne nous est pas possible de passer de ce que nous sentons à ce qui est.

*Erreur des philosophes à ce sujet.* Cependant les philosophes ne se croient pas si bornés : ils agitent une infinité de questions sur l'étendue, sur le corps, sur la matière, sur l'espace, sur la durée. Ils ne savent pas qu'ils n'ont que des sensations. Il est inutile d'examiner en détail tout ce qu'ils ont dit à ce sujet. On verra combien ils sont peu fondés dans leurs raisonnemens, si on considère comment nous nous formons *Idée qu'on se fait de la durée et de l'étendue.* toutes ces idées.

Ainsi qu'une succession de sensations donne l'idée de durée, une co-existence de sensations donne l'idée d'étendue ; et nous avons plusieurs sensations qui peuvent également produire ces phénomènes. L'idée d'étendue, d'abord acquise par les sensations du toucher, peut encore être retracée par les sensations de la vue, et l'idée de la durée peut venir à nous par tous les sens.

Or, plus il y a de sensations différentes

auxquelles nous pouvons devoir une idée, plus cette idée nous paroîtra indépendante de chaque espèce de sensations en particulier : et bientôt nous serons portés à croire qu'elle est indépendante de toute sensation. Ainsi, parce que l'idée de durée subsiste également, lorsqu'on substitue aux sensations de la vue celles de l'odorat, à celles de l'odorat celles de l'ouïe, etc., on juge qu'on pourroit l'avoir sans la vue, sans l'odorat, sans l'ouïe; on conclut précipitamment qu'on l'auroit encore, quand même on auroit été privé de tous les sens, et on ne doute pas qu'elle ne soit innée. Voilà pourquoi on a été si long-temps avant de remarquer que la durée n'est par rapport à nous, que la succession de nos perceptions.

Le phénomène de l'étendue se conserve également quoique nos sensations varient. Le toucher le fait naître, la vue le reproduit, et la mémoire le retrace, parce qu'elle nous rappelle les sensations du toucher et de la vue. Nous paroissons donc fondés à le croire indépendant de chacune de ces causes en particulier. Mais on va plus loin : on croit que nous voyons l'étendue en elle-même, et cependant l'idée que nous en avons n'est que la co-existence de plusieurs sensations que nous rapportons hors de nous.

Si nous comptons la solidité parmi ces sensations co-existantes, nous aurons l'idée de ce que nous appelons *corps*; si par une abstraction nous retranchons la solidité, nous aurons l'idée de ce que nous appelons *vide*, *espace*, *pénétrable*, si considérant l'étendue solide, le corps, nous faisons abstraction de la variété des sensations, que produisent les différens phénomènes des objets sensibles, nous aurons l'idée d'une matière similaire dans toutes ses parties. Mais ces abstractions ne font que décomposer nos sensations : elles n'y ajoutent rien; elles en retranchent au contraire, et ce qui reste n'est jamais qu'une partie de sensation.

*Jugement de Descartes et de Newton sur l'étendue.* Cependant les philosophes adoptent ces abstractions ou les rejettent, et ils disputent entr'eux comme s'il s'agissoit des premiers principes des choses. Si l'intérêt de Descartes est que toute étendue soit solide, celui de Newton est qu'il y ait un espace vide; et c'en est assez pour que l'un fasse une abstraction que l'autre n'a pas voulu faire. Ce qui m'étonne, c'est que Locke prenne parti dans ces sortes de controverses. Ne devoit-il pas se borner à développer les idées qui en font l'objet? Dans le système des idées originaires des sens, rien n'est si frivole que de raisonner sur la nature des choses : nous ne devons étudier que les rapports qu'elles ont à nous. C'est tout ce que les sens peuvent nous apprendre.

*Jugement de Locke sur la durée.*

Quand Locke dit (1) « La durée est une
» commune mesure de tout ce qui existe,
» de quelque nature qu'il soit; une mesure
» à laquelle toutes choses participent éga-
» lement pendant leur existence..... Tout
» de même que si toutes choses n'étoient
» qu'un seul être ». Sur quoi fonde-t-il cette assertion? Vous ne connoissez, lui dirois-je, la durée que par la succession de vos pensées. Vous n'appercevez donc pas immédiatement la durée des choses, et

―――――

(1) Liv. 2, chap. 15, § 11.

vous n'en jugez que par la durée même de votre être pensant. Vous appliquez votre propre durée à tout ce qui est hors de vous, et vous imaginez par ce moyen une mesure commune et commensurable, instans pour instans, à la durée de tout ce qui existe. N'est-ce donc pas là une abstraction que vous réalisez ? Mais Locke oublie quelquefois ses principes.

*La durée n'offre rien d'absolu.*

J'ai prouvé ailleurs que l'idée de durée ne nous offre rien d'absolu. En voici une nouvelle preuve.

Qu'un corps soit mu en rond avec une vitesse qui surpasse l'activité de nos sens; nous ne verrons qu'un cercle parfait et entier. Mais donnons d'autres yeux à d'autres intelligences, elles verront ce corps passer successivement d'un point de l'espace à l'autre. Elles distingueront donc plusieurs instans, où nous n'en pouvons remarquer qu'un seul. Par conséquent la présence d'une seule idée à notre esprit, ou un seul instant de notre durée co-existera à plusieurs idées qui se succèdent dans ces intelligences, à plusieurs instans de leur durée.

Mais ce corps pourroit être mu si rapidement, qu'il n'offriroit qu'un cercle aux yeux de ces intelligences, pendant qu'à d'autres yeux il paroîtroit passer successivement d'un point de la circonférence à l'autre. Nous pouvons même continuer ces suppositions, et nous ne saurions où nous arrêter. Nous n'arriverons donc jamais à cette mesure commune de durée, dont Locke croit se faire une idée.

Autre supposition. Plaçons dans l'espace des intelligences qui voient, au même instant, la terre dans tous les points de son orbite ; comme nous voyons nous-mêmes un charbon allumé, au même instant, dans tous les points du cercle qu'on lui fait décrire. N'est-il pas évident que si ces intelligences peuvent observer ce qui se fait sur la terre, elles nous verront, au même instant, labourer et faire la récolte ?

On conçoit donc comment parmi les choses qui durent, chacune dure à sa manière. En effet, on comprend que les êtres créés, par leur nature faits pour acquérir et pour perdre tour-à-tour, sont faits pour changer ; mais on ne voit pas pourquoi ils passeroient chacun par le même nombre de changemens. Qui dit des êtres créés, dit donc des êtres dans lesquels il y a différentes successions de changemens? Voilà leur durée, et chacun a la sienne.

Si Dieu n'avoit rien créé, rien ne changeroit; il n'y auroit donc aucune succession de changemens nulle part. En créant, il a donc créé la durée et le temps, parce qu'il a créé des êtres qui changent ou qui durent, et durer est la même chose que changer.

Comme durer ou changer est la manière d'exister de tout ce qui a été créé, ne point durer, ne point changer, est la manière d'exister de Dieu. Il n'acquiert rien, il ne perd rien, il n'y a point en lui de changemens, et son éternité est un instant qui co-existe à tous les changemens qui se succèdent dans les créatures.

<small>Si l'ame pense toujours.</small> Les réflexions que nous venons de faire me fournissent l'occasion de résoudre la question, *si l'ame pense toujours*. J'ajoute pour cet effet deux conditions à la supposition d'un corps mu circulairement. Je suppose d'abord qu'on me cache les deux

arcs opposés du cercle qui est décrit, afin que je ne puisse voir ce corps que dans les deux points A et B, extrémités du diamètre. Je suppose ensuite que ce corps soit mu avec une telle vitesse, qu'il se fasse voir successivement dans les points A et B, et me donne deux perceptions si immédiates, que je ne puisse avoir conscience d'aucun intervalle de l'une à l'autre. Il est évident qu'à chaque révolution de ce corps, il n'y aura pour moi que deux instans dans la durée de mon ame ; et qu'il y en aura dans la durée du mouvement de ce corps, autant qu'il y a de points dans les arcs A B et B A. Or que la perception de mon ame, quand le corps mu est en A, figure celle qui précède le sommeil, et que sa perception, quand ce même corps est en B, figure celle qui commence le réveil : le corps qui va par l'arc de cercle d'A à B, représentera mon corps qui va de l'instant où je viens de m'endormir, à celui où je me réveille, et qui se cache à l'ame, ou qui n'y produit plus de perception. Je pourrois donc dire que la dernière perception de l'ame, quand on s'endort, et la première quand on s'éveille, forment deux instans, qui co-existent non-seulement aux deux instans où le corps se trouve lorsqu'il les occasionne, mais encore à tous ceux par où il passe, tant que le sommeil dure. En un mot, la succession qui se fait dans le corps, pendant le sommeil, est nulle par rapport à l'ame, qui ne peut avoir conscience d'aucun intervalle entre la perception qui précède en elle le sommeil, et celle qui commence le réveil. Le corps pourroit donc essuyer des milliers d'instans qui ne co-existeroient qu'à deux instans de la durée de l'ame. Ainsi l'ame pense toujours, en ce sens qu'elle pense pendant tout le temps qu'elle dure : car sa durée n'étant que la succession de ses pensées, il y auroit contradiction qu'elle durât sans penser. Elle pense même toujours, en ce sens qu'elle pense pendant que les autres choses durent. En effet, si la perception qu'elle éprouve, quand le corps s'assoupit, et celle qu'elle a au moment où les sens rentrent en action, se suivent si immédiatement qu'elles co-existent à toute la succession du corps, depuis l'instant où l'on s'endort, jusqu'à celui où l'on s'éveille; elle pense, sans que la durée de son corps mette aucune interruption à ses pensées, et par conséquent elle pense toujours. Mais si par penser toujours on entend que le nombre des perceptions qui se succèdent en elle, soit égal à celui des instans de la durée de son corps, elle ne pense pas toujours, par la raison qu'elle a une durée toute différente.

## CHAPITRE XII.

### De l'idée qu'on a cru se faire de l'infini.

<small>Nous n'avons point d'idée de l'infini.</small> QUAND on travaille sur les connoissances humaines, on a plus d'erreurs à détruire que de vérités à établir. Heureusement la plupart des opinions des philosophes tombent d'elles-mêmes, et ne méritent pas qu'on en parle. Nous avons fait voir qu'il n'y a point d'idées innées, et qu'il nous est impossible de connoître la nature des choses. Il nous reste à démontrer que nous n'avons point d'idées de l'infini : cette erreur a encore des partisans qu'on ne peut pas se flatter de convaincre, parce que les hommes sont trop peu capables de raisonner contre ce qu'ils croient. Mais on peut garantir des préjugés ceux qui n'ont point encore embrassé de sentiment. Si cela est, il ne faut que du temps, et les erreurs passeront avec ceux qui les défendent.

<small>Pour avoir l'idée d'un nombre fini, il n'est pas nécessaire d'avoir</small> Les nombres ne sont que la suite des collections formées par la multiplication

de l'unité, et fixées dans l'esprit par des signes imaginés avec ordre ; et nous n'en avons des idées qu'autant que nous pouvons, par degrés, nous élever jusqu'aux plus composés ; et redescendre jusqu'aux plus simples.

*L'idée d'un nombre infini.*

Mais pour acquérir ces idées, il n'est pas nécessaire, comme on le prétend, de supposer en nous l'idée d'un nombre infini, qui soit comme un fonds inépuisable, d'où l'esprit tire chaque nombre particulier ; il suffit de supposer que nous sommes capables de nous faire l'idée de l'unité, de l'ajouter à elle-même, et d'attacher chaque collection à un signe.

En effet, c'est ainsi que nous formons les nombres 2, 3, 4, 5, etc., et nous en formons de plus considérables, lorsque nous remarquons que nous pouvons répéter ce que nous avons fait ; c'est-à-dire, ajouter encore l'unité, et inventer de nouveaux signes : car les plus composés et les plus simples se forment tous de la même manière.

Mais remarquer que nous pouvons sans cesse ajouter l'unité, c'est remarquer qu'il

*Parce que nous avons l'idée d'un nombre auquel on peut toujours ajou-*

n'est point de nombre qui ne soit susceptible d'augmentation, et qui ne le soit sans fin. Nous nous imaginons bientôt que nous n'en jugeons ainsi, que parce que l'idée de l'infini nous est présente. Cependant qu'on ajoute sans cesse des unités les unes aux autres, parviendra-t-on jamais à pouvoir dire, *voilà le nombre infini*, comme on parvient à dire, *voilà celui de mille.*

Nous croyons avoir cette idée, parce que nous lui avons donné un nom.

De deux conditions nécessaires pour se former les idées des nombres, nous n'en remplissons qu'une pour nous faire l'idée prétendue de l'infini : je veux dire que n'ayant pas ajouté successivement les unes aux autres, toutes les unités qu'il devroit renfermer, parce que la chose est impossible, nous lui avons seulement donné un nom. Mais par-là nous sommes dans le même cas qu'un homme, qui, n'ayant encore appris à compter que jusqu'à vingt, répéteroit d'après nous le signe *mille*.

Pour reconnoître ces méprises, il suffit de réfléchir sur la génération des idées de nombres.

Si l'on fait attention que nous ne nous représentons les grands nombres que très-imparfaitement ; que notre réflexion n'en sauroit embrasser distinctement toutes les parties, que nous sommes obligés de les rappeler chacun à l'unité ; et que nous ne parvenons à nous en faire une idée même vague, qu'après avoir donné des noms à toutes les collections qui les précèdent, comment s'imaginera-t-on qu'il nous soit possible d'avoir une idée de l'infini ?

Cependant les philosophes voient l'infini par-tout : ils le voient dans chaque portion de matière, dans chaque partie de l'espace, dans chaque instant de la durée ; et les contradictions où ils tombent ne les font pas revenir sur eux-mêmes. Il est vrai qu'en rejetant l'idée de l'infini, nous n'en connoissons pas mieux toutes ces choses ; mais nous évitons beaucoup de mauvais raisonnemens, et nous avouons notre ignorance.

*Les philosophes voient l'infini par tout.*

Quand je divise et soudivise une grandeur, jusqu'à ce qu'enfin ses parties échappent à mes sens, il est certain qu'elles échapperoient encore à ma réflexion, si je ne suppléois au défaut des sens par quelque moyen propre à m'en conserver les idées. Ce moyen ne peut m'être fourni que par l'imagination qui, me représentant les parties que je ne vois pas, sur le modèle de celles

*Comment nous imaginons que la matière est divisible à l'infini.*

que je vois, me les fait juger également étendues et divisibles.

Si je continue de soudiviser, l'imagination viendra encore à mon secours. Je me représenterai donc toujours de l'étendue et de la divisibilité, et je serai tenté de conclure que chaque portion de grandeur est divisible à l'infini, et renferme une infinité de parties.

*Nous n'en pouvons pas conclure qu'elle le soit.* Mais cette conclusion seroit sans fondement; car je n'ai formé qu'une suite de jugemens qui proviennent, non de ce qu'en effet j'apperçois que chaque partie de matière est réellement étendue et divisible, mais de ce que je suis obligé d'imaginer celles qui sont insensibles sur le modèle de celles qui me frappent les sens. Or qui peut me répondre que la nature est telle que je l'imagine? Qu'on ne m'oppose pas les démonstrations des géomètres sur la divisibilité de la matière à l'infini: car ce n'est pas la matière qui est l'objet de la géométrie, c'est une grandeur tout-à-fait imaginaire, et la géométrie de l'infini se ressent souvent des erreurs de la métaphysique.

## CHAPITRE XIII.

*Des idées simples et des idées complexes.*

J'APPELLE idée complexe la réunion ou la collection de plusieurs perceptions, et idée simple une perception considérée toute seule.

<small>Toute perception est une idée simple.</small>

Quoique nos perceptions soient susceptibles de plus ou moins de vivacité, on auroit tort de s'imaginer que chacune soit composée de plusieurs autres. Fondez ensemble des couleurs qui ne diffèrent que parce qu'elles ne sont pas également vives, elles ne produiront qu'une seule perception.

Il est vrai qu'on regarde comme différens degrés d'une même perception toutes celles qui ont des rapports moins éloignés. Mais c'est que, faute d'avoir autant de noms que de perceptions, on a été obligé de rappeler celles-ci à certaines classes. Prises à part, il n'y en a point qui ne soient simples. Comment décomposer, par exemple, celle qu'occasionne la blancheur de la neige? y distinguera-t-on plusieurs autres blancheurs dont elle se soit formée?

Toutes les opérations de l'ame considérées dans leur origine, sont également simples ; car chacune n'est alors qu'une perception. Mais ensuite elles se combinent pour agir de concert, et forment des opérations composées. Cela paroît sensiblement dans ce qu'on appelle *pénétration, discernement, sagacité*, etc.

Outre les idées qui sont réellement simples, on regarde souvent comme telle une collection de plusieurs perceptions, lorsqu'on la rapporte à une collection plus grande dont elle fait partie. Il n'y a même point de notion, quelque composée qu'elle soit, qu'on ne puisse considérer comme simple, en lui attachant l'idée de l'unité.

*Différentes espèces d'idées complexes.*
Parmi les idées complexes, les unes sont composées de perceptions différentes, telle est celle d'un corps; les autres le sont de perceptions uniformes, ou plutôt elles ne sont qu'une même perception répétée.

Tantôt le nombre n'en est point déterminé ; telle est l'idée abstraite de l'étendue : tantôt il est déterminé ; le pied, par exemple, est la perception d'un pouce pris douze fois.

Quant aux notions qui se forment de perceptions différentes, il y en a de deux sortes : celles des substances et celles des êtres moraux. Afin que les premières soient utiles, il faut qu'elles soient faites sur le modèle des substances, et qu'elles ne représentent que les propriétés qui y sont renfermées. Dans les autres on se conduit tout différemment. Il ne seroit pas raisonnable d'attendre d'avoir vu des actions et des habitudes de toute espèce, pour s'en former des notions, et pour en faire différentes classes. Nous sommes donc obligés de rassembler et de combiner, sous un certain nombre de mots, les idées simples dont elles peuvent se composer. Ces collections, une fois déterminées, sont autant de modèles auxquels nous comparons les actions particulières, et d'après lesquels nous jugeons du caractère et de la conduite de chaque homme. Telles sont les notions de *vertu*, *vice*, *courage*, *lâcheté*, *probité*, *gloire*, etc.

<small>Comment on connoît les idées simples.</small>
Puisque les idées simples ne sont que nos propres perceptions, le seul moyen de les connoître, c'est de réfléchir sur ce qu'on éprouve à la vue des objets.

Il en est de même de ces idées complexes qui ne sont qu'une répétition indéterminée d'une même perception. Il suffit, par exemple, pour avoir l'idée abstraite de l'étendue, d'en considérer la perception, sans en considérer aucune partie déterminée, comme répétée un certain nombre de fois. Mais les idées complexes, proprement dites, sont formées de perceptions différentes, ou d'une même perception répétée d'une manière déterminée.

<small>Pour connoître les idées complexes, il les faut analyser.</small>
On ne peut bien connoître ces dernières idées complexes, qu'en les analysant, c'est-à-dire, qu'il faut les réduire aux idées simples dont elles ont été composées, et suivre les progrès de leur génération. C'est ainsi que nous nous sommes formé la notion de l'entendement. Jusques ici aucun philosophe n'a su que cette méthode pût être pratiquée en métaphysique. Les moyens

dont ils se sont servis pour y suppléer, n'ont fait qu'augmenter la confusion, et multiplier les disputes.

De-là on peut conclure l'inutilité des définitions, c'est-à-dire, de ces propositions où l'on veut expliquer les propriétés des choses par un genre et par une différence. 1°. L'usage en est impossible, quand il s'agit des idées simples. Locke l'a fait voir ( 1 ), et il est assez singulier qu'il soit le premier qui l'ait remarqué. Les philosophes qui sont venus avant lui, ne sachant pas discerner les idées qu'il falloit définir de celles qui ne doivent pas l'être, qu'on juge de la confusion qui se trouve dans leurs écrits. Les Cartésiens n'ignoroient pas qu'il y a des idées plus claires que toutes les définitions qu'on en peut donner : mais ils n'en savoient pas la raison, quelque facile qu'elle paroisse à appercevoir. Ainsi ils font bien des efforts pour définir des idées fort simples, tandis qu'ils jugent inutile d'en définir de fort composées. Cela fait

*Inutilité des définitions que donnent les philosophes.*

(1) Liv. 3, chap. 4.

voir combien, en philosophie, le plus petit pas est difficile à faire.

En second lieu, les définitions sont peu propres à donner une notion exacte des choses un peu composées. Les meilleures ne valent pas même une analyse imparfaite. C'est qu'il y entre toujours quelque chose de gratuit, ou du moins on n'a point de règles pour s'assurer du contraire. Dans l'analyse on est obligé de suivre la génération même de la chose. Ainsi quand elle sera bien faite, elle réunira infailliblement les suffrages, et par-là terminera les disputes.

*Défaut de quelques définitions que donnent les géomètres.*

Quoique les géomètres aient connu cette méthode, ils ne sont pas exempts de reproches. Il leur arrive quelquefois de ne pas saisir la vraie génération des choses, et cela dans des occasions où il n'étoit pas difficile de le faire. On en voit la preuve dès l'entrée de la géométrie. Après avoir dit que le point est *ce qui se termine soi-même de toutes parts, ce qui n'a d'autres bornes que soi-même, ou ce qui n'a ni longueur, ni largeur, ni profondeur*, ils le font mouvoir pour engendrer la ligne. Ils font ensuite mouvoir la ligne pour engendrer la surface, et la surface pour engendrer le solide.

Je remarque d'abord qu'ils tombent ici dans le defaut des autres philosophes, c'est de vouloir définir une chose fort simple : défaut qui est une des suites de la synthèse qu'ils ont si fort à cœur, et qui demande qu'on définisse tout.

En second lieu, le mot de *borne* dit si nécessairement relation à une chose étendue, qu'il n'est pas possible d'imaginer une chose qui se termine de toutes parts, ou qui n'a d'autres bornes que soi-même. La privation de toute longueur, largeur et profondeur, n'est pas non plus une notion assez facile pour être présentée à la première.

En troisième lieu, on ne sauroit se représenter le mouvement d'un point sans étendue, et encore moins la trace qu'on suppose qu'il laisse après lui pour produire la ligne. Quant à la ligne, on peut bien la concevoir en mouvement, selon la détermination de sa longueur, mais non pas selon la détermination qui devroit produire la surface; car alors elle est dans le même cas que le point. On en peut dire autant de la surface mue pour engendrer le solide.

*L'analyse est beaucoup plus propre à donner des idées.*

On voit bien que les géomètres ont eu pour objet de se conformer à la génération des choses ou à celle des idées ; mais ils n'y ont pas réussi.

On ne peut avoir l'usage des sens, qu'on n'ait aussitôt l'idée de l'étendue avec toutes ses dimensions. Celle du solide est donc une des premières qu'ils transmettent. Or, prenez un solide, et considérez-en une extrémité, sans penser à sa profondeur, vous aurez l'idée d'une surface, ou d'une étendue en longueur et largeur sans profondeur.

Prenez ensuite cette surface, et pensez à sa longueur sans penser à sa largeur, vous aurez l'idée d'une ligne, ou d'une étendue en longueur sans largeur et sans profondeur.

Enfin, réfléchissez sur une extrémité de cette ligne, sans faire attention à sa longueur, et vous vous ferez l'idée d'un point, ou de ce qu'on prend en géométrie pour ce qui n'a ni longueur, ni largeur, ni profondeur.

Par cette voie, vous vous formerez sans efforts les idées de point, de ligne et de surface ; on voit que tout dépend d'étudier l'expérience, afin d'expliquer la génération des idées dans le même ordre dans lequel elles se sont formées. Cette méthode est sur-tout indispensable, quand il s'agit de notions abstraites : c'est le seul moyen de les expliquer avec netteté.

On peut remarquer deux différences essentielles entre les idées simples et les idées complexes. 1°. L'esprit est purement passif dans la production des premières ; il est, au contraire, actif dans la génération des dernières. C'est lui qui en réunit les idées simples d'après des modèles, ou d'après les différentes vues qui font imaginer des êtres moraux ; en un mot, elles ne sont que l'ouvrage d'une expérience réfléchie. 2°. Nous n'avons point de mesure pour connoître l'excès d'une idée simple sur une autre : ce qui provient de ce qu'on ne peut les diviser. Il n'en est pas de même des idées complexes : on connoît, avec la dernière précision, la différence de deux nombres, parce que l'unité qui en est la

*Observations sur les idées simples et sur les idées complexes.*

mesure commune, est toujours égale. On peut encore compter les idées simples des notions complexes qui, ayant été formées de perceptions différentes, n'ont pas une mesure aussi exacte que l'unité. S'il y a des rapports qu'on ne sauroit apprécier, ce sont uniquement ceux des idées simples. Par exemple, on connoît exactement quelles idées on a attachées de plus au mot *or* qu'à celui de *tombac*, mais on ne peut pas mesurer la différence de la couleur de ces métaux, parce que la perception en est simple et indivisible.

Les idées simples et les idées complexes conviennent en ce qu'on peut également les considérer comme absolues et comme relatives. Elles sont absolues quand on s'y arrête, et qu'on en fait l'objet de sa réflexion, sans les rapporter à d'autres; mais quand on les considère comme subordonnées les unes aux autres, on les nomme relations.

*Avantages des notions des êtres moraux sur les notions des substances.*

Les notions des êtres moraux ont deux avantages; le premier, c'est d'être complettes; ce sont des modèles fixes, dont l'esprit peut acquérir une connoissance si parfaite, qu'il ne lui en restera plus rien à découvrir. Cela est évident, puisque ces notions ne peuvent renfermer d'autres idées simples que celles que l'esprit a lui-même rassemblées. Le second avantage est une suite du premier; il consiste en ce que tous les rapports qui sont entre elles peuvent être apperçus : car, connoissant toutes les idées simples dont elles sont formées, nous en pouvons faire toutes les analyses possibles.

Mais les notions des substances n'ont pas les mêmes avantages; elles sont nécessairement incomplettes, parce que nous les rapportons à des modèles, où nous pouvons tous les jours découvrir de nouvelles propriétés. Par conséquent, nous ne saurions connoitre tous les rapports qui sont entre deux substances. S'il est louable de chercher, par l'expérience, à augmenter de plus en plus notre connoissance à cet égard, il est ridicule de se flatter qu'on puisse un jour la rendre parfaite.

Cependant il faut prendre garde qu'elle n'est pas obscure et confuse, comme on se l'imagine; elle n'est que bornée. Il dépend de nous de parler des substances dans la dernière exactitude, pourvu que nous ne comprenions dans nos idées et dans nos expressions, que ce qu'une observation constante nous apprend.

## CONCLUSION.

L'ame, dans le seul systéme où il est permis à la philosophie de l'observer, tient tout des sens auxquels elle est unie; ils sont l'unique source de ses erreurs et de ses connoissances. Parmi les perceptions qu'elle en reçoit, le plus grand nombre passent légèrement, ne se montrent que pour disparoître, et ne laissent point de traces après elles. Les autres, au contraire, font une impression forte; elles tendent chacune à occuper l'ame toute entière, et lorsqu'elles ne sont plus dans les sens, elles restent dans la mémoire.

Cependant celles-là concourent à toutes nos actions; elles déterminent nos mouvemens d'habitude, lors même qu'elles se cachent le plus à nous; elles influent particulièrement dans notre instinct, et nous obéissons continuellement à leur impression: celles-ci ne produisent rien en nous que nous ne soyons capables de démêler;

*Récapitulation des chapitres précédens.*

l'attention les fixe, la réflexion les combine, et elles ouvrent un vaste champ à nos connoissances et à notre liberté.

C'est par la liaison des idées que tout ce système d'opération se développe ; c'est par elle qu'il a des avantages et des inconvéniens ; elle est tout-à-la-fois le principe de la folie et celui de la raison.

Tout a ses abus : combien n'y en a-t-il pas dans l'usage des signes, usage auquel nous devons notre supériorité ? Ces abus sont sensibles dans les idées abstraites qu'on réalise ; dans les principes généraux qu'on s'obstine à regarder comme l'origine de nos connoissances, et dans les fausses idées qu'on se fait de la nature des êtres. Il suffiroit d'apprécier la valeur des mots pour détruire toutes ces erreurs de la métaphysique. En effet, à quoi se réduisent toutes nos connoissances ? A des idées simples et à des idées complexes. A des idées simples, c'est-à-dire, à des perceptions telles que les sens les donnent, et prises séparément des objets où elles se réunissent : à des idées complexes, c'est-à-dire, à plusieurs perceptions rassemblées pour former un tout ;

et il y en a de deux espèces. Les unes sont destinées à représenter les objets sensible; elles sont l'objet de la physique, de la chymie, etc.; les autres forment ces notions abstraites, dont les mathématiques, la morale et la métaphysique s'occupent. En vain feroit-on des efforts pour trouver une autre espèce d'idée; les philosophes qui l'ont tenté n'ont fait qu'abuser des termes.

---

## SECONDE PARTIE.

Des moyens les plus propres à acquérir des connoissances.

CHAPITRE PREMIER.

*De la première cause des erreurs.*

<small>Il faut remonter à la source de nos erreurs.</small>

PLUSIEURS philosophes ont relevé d'une manière éloquente, grand nombre d'erreurs qu'on attribue aux sens, à l'imagination et aux passions; mais on n'a pas recueilli de leurs ouvrages tout le fruit qu'ils s'en étoient promis. Leur théorie trop imparfaite est peu propre à éclairer dans la pratique. L'imagination et les passions se replient de tant de manières, et dépendent si fort des tempéramens, des temps et des circonstances, qu'il est impossible de dévoiler tous les ressorts qu'elles font jouer, et qu'il est très-naturel que chacun se flatte de n'être pas dans le cas de ceux qu'elles égarent.

Semblable à un homme d'un foible tempérament, qui ne relève d'une maladie que pour retomber dans une autre; l'esprit, au lieu de quitter ses erreurs, ne fait souvent qu'en changer. Pour délivrer de toutes ses maladies un homme d'une foible constitution, il faudroit lui faire un tempérament tout nouveau : pour corriger notre esprit de toutes ses foiblesses, il faudroit lui donner de nouvelles vues, et, sans s'arrêter au détail de ses maladies, remonter à leur source même, et la tarir.

Nous la trouverons, cette source, dans l'habitude où nous sommes de raisonner sur des choses dont nous n'avons point d'idées, ou dont nous n'avons que des idées peu exactes : car nous nous servons des mots avant d'en avoir déterminé la signification, et même sans avoir senti le besoin de la déterminer. Voyons quelle est la cause de cette habitude. *Cette source est dans l'habitude de nous servir des mots sans en avoir déterminé les idées.*

Il est certain que, dans notre enfance, nous avons acquis, par notre seule réflexion, *Comment nous avons contracté cette habitude.*

des idées qu'on ne pouvoit pas nous communiquer encore ; et cela est arrivé toutes les fois que le besoin de connoître nous forçoit à réfléchir nous-mêmes : alors la nature conduisoit les opérations de notre esprit, et nous ne nous trompions pas sur les rapports des choses à nous, ou nous ne nous trompions que passagèrement ( 1 ). C'est ainsi que nous sommes parvenus peu-à-peu à faire mieux connoître nos pensées, et que nous sommes devenus capables de juger à-peu-près de celles des autres.

A mesure que nous nous imaginions entendre mieux ceux qui nous élevoient, nous réfléchissions moins nous-mêmes; et nous réfléchissions d'autant moins qu'en paroissant devoir nous instruire, ils paroissoient devoir réfléchir pour nous. Cependant les objets faisoient sur nos sens des impressions qui excitoient continuellement notre curiosité. Impatiens de connoître, il eût été trop long de juger par nous-mêmes : souvent même cela nous eût été impossible, parce que notre curiosité

---

(1) *Voyez* la Logique.

avoit pour objet des choses qui n'étoient pas à notre portée, ou qui même ne sont à la portée de personne. Il ne nous restoit donc qu'à faire des questions auxquelles d'ordinaire on répondoit mal ; et cependant, parce que nous étions prévenus que les réponses, quelles qu'elles fussent, devoient être des connoissances, nous répétions avec confiance les jugemens des autres. C'est de la sorte que nous nous remplissions, de bonne heure, d'idées et de maximes telles que le hasard et une mauvaise éducation les présentoient.

Parvenus à un âge où l'esprit commence à vouloir mettre plus d'ordre et plus d'exactitude dans ses pensées, nous ne voyons en nous que des jugemens avec lesquels nous sommes familiarisés de tout temps ; et nous continuons, par habitude, à juger des choses, comme nous avons toujours jugé. La plupart de ceux qui nous entourent, nous entretiennent dans des préjugés qui leur sont communs, et que souvent ils nous ont donnés. Si quelques-uns jugent autrement, ils ne nous éclairent pas, ils nous étonnent, ils nous choquent même. Nous avons de la répugnance à voir comme eux, parce que nous sommes prévenus pour notre manière de voir ; et nous ne concevons pas qu'on puisse avoir d'autres idées que les nôtres, parce que nous n'en avons jamais eu d'autres nous-mêmes. Comme elles nous sont familières, elles nous paroissent évidentes ; et comme nous ne nous souvenons pas de les avoir acquises, nous les croyons nées avec nous. En conséquence, quelque défectueuses qu'elles soient, nous leur donnons les noms de *lumière naturelle*, de *principes gravés, imprimés dans l'ame*. Nous nous en rapportons d'autant plus volontiers à ces idées, que nous croyons que, si elles nous trompoient, Dieu seroit la cause de nos erreurs, et nous les regardons comme l'unique moyen qu'il nous ait donné pour arriver à la vérité. C'est ainsi que des notions, avec lesquelles nous ne sommes que familiarisés, paroissent aux philosophes mêmes des principes de la dernière évidence.

Ce qui accoutume notre esprit à cette inexactitude, c'est la manière dont nous nous formons au langage. Nous n'arrivons à ce qu'on appelle l'âge de raison, que long-temps après avoir contracté l'usage de la parole. Si l'on excepte les mots destinés à faire connoître nos besoins, c'est ordinairement le hasard qui nous a donné occasion d'entendre certains sons plutôt que d'autres, et qui a décidé des idées que nous leur avons attachées. Pour peu qu'en réfléchissant sur les enfans que nous voyons, nous nous rappellions l'état par où nous avons passé, nous reconnoîtrons qu'il n'y a rien de moins exact que l'emploi que nous faisions ordinairement des mots. Cela n'est pas étonnant : nous entendions des expressions dont la signification, quoique bien déterminée par l'usage, étoit si composée, que nous n'avions ni assez d'expérience, ni assez de pénétration pour la saisir. Nous en entendions d'autres qui ne présentoient jamais deux fois la même idée, ou qui même étoient tout-à-fait vides de sens. Pour juger de l'impossibilité où nous étions de nous en servir avec discernement, il ne faut que remarquer l'embarras où nous sommes de le faire aujourd'hui.

<small>Comment les erreurs naissent de cette habitude.</small>

Cependant l'usage de joindre les signes avec les choses, nous est devenu si naturel, quand nous n'étions pas encore en état de peser la valeur des mots, que nous nous sommes accoutumés à rapporter les noms à la réalité même des objets, et que nous avons cru qu'ils en expliquoient parfaitement l'essence. On s'est imaginé qu'il y a des idées innées, parce qu'en effet il y en a qui sont les mêmes chez tous les hommes. Nous n'aurions pas manqué de juger que notre langage est inné, si nous n'avions su que les autres peuples en parlent de tout différens (1); persuadés que les mots expliquent la nature des choses, il semble que, dans nos recherches, tous nos efforts ne tendent qu'à trouver de nouvelles expressions. A peine en avons-nous imaginé,

---

(1) Psammeticus, roi d'Egypte, fit élever deux enfans avec defense de prononcer aucune parole devant eux. Le premier mot qu'ils prononcèrent fut *beccos*, qui signifie *pain* en langue phrygienne. De-là on conclut que cette langue conservoit des mots de la langue naturelle, et que, par conséquent, elle étoit la plus ancienne.

que nous croyons avoir acquis de nouvelles connoissances. L'amour-propre nous entretient dans cette erreur, parce que nous nous persuadons aisément que nous connoissons les choses, lorsque nous avons long-temps cherché à les connoître, et que nous en avons beaucoup parlé.

En rappelant nos erreurs à l'origine que je viens d'indiquer, on les renferme dans une cause unique, et qui est telle que nous ne saurions nous cacher qu'elle n'ait eu jusqu'ici beaucoup de part dans nos jugemens. Peut-être même pourroit-on obliger les philosophes les plus prévenus, de convenir qu'elle a jeté les premiers fondemens de leurs systêmes; il ne faudroit que les interroger avec adresse. En effet, si nos passions occasionnent des erreurs, c'est qu'elles abusent d'un principe vague, d'une expression métaphorique et d'un terme équivoque, pour en faire des applications d'où nous puissions déduire les opinions qui nous flattent. Si nous nous trompons, les principes vagues, les métaphores et les équivoques sont donc des causes antérieures à nos passions. Il suffira, par conséquent,

Elle est l'unique cause de nos erreurs.

de renoncer à ce vain langage, pour dissiper tout l'artifice de l'erreur.

<small>Elle nous indique la source des vraies connoissances.</small>

Si l'origine de l'erreur est dans le défaut d'idées, ou dans les idées mal déterminées, celle de la vérité doit être dans des idées bien déterminées. Les mathématiques en sont la preuve. Sur quelque sujet que nous ayons des idées exactes, elles seront toujours suffisantes pour nous faire discerner la vérité : si, au contraire, nous n'en avons pas, nous aurons beau prendre toutes les précautions imaginables, nous confondrons toujours tout. En un mot, en métaphysique on marcheroit d'un pas assuré avec des idées bien déterminées, et sans ces idées on s'égareroit même en arithmétique.

Mais comment les arithméticiens ont-ils des idées si exactes ? C'est que connoissant de quelle manière elles s'engendrent, ils sont toujours en état de les composer ou de les décomposer, pour les comparer selon tous leurs rapports. Ce n'est qu'en réfléchissant sur la génération des nombres, qu'on a trouvé les règles des combinaisons. Ceux qui n'ont pas réfléchi sur cette génération, peuvent calculer avec autant de justesse que les autres, parce que les règles sont sûres ; mais ne connoissant pas les raisons sur lesquelles elles sont fondées, ils n'ont point d'idées de ce qu'ils font, et sont incapables de découvrir de nouvelles règles.

Or, dans toutes les sciences, comme en arithmétique, la vérité ne se découvre que par des décompositions. Si l'on n'y raisonne pas ordinairement avec la même justesse, c'est qu'on n'a point encore trouvé de règles sûres pour composer et décomposer toujours exactement les idées, et que par conséquent on ne peut pas les déterminer avec précision.

Mais pourquoi nous est-il si difficile de déterminer nos idées ? C'est que nous ne connoissons pas tous les usages auxquels les langues sont destinées. Nous croyons ne les avoir faites que pour nous communiquer nos connoissances, et nous ne savons pas que ce sont des méthodes pour en acquérir.

Si, lorsque ces méthodes sont imparfaites, elles nous donnent quelques connoissances, elles nous donnent aussi des opinions, des préjugés, des erreurs. Moins imparfaites, elles nous égareroient moins, parce qu'elles analyseroient mieux ; et si elles étoient portées au dernier degré de perfection, elles nous conduiroient aussi sûrement que l'algèbre : car si les langues sont autant de méthodes analytiques , l'algèbre, elle-même, n'est qu'une langue. Pour éviter l'erreur, il ne faut donc que savoir nous servir de la langue que nous parlons. Il ne faut que cela ; mais j'avoue que c'est beaucoup exiger.

## CHAPITRE II.

### *De la manière de déterminer les idées ou leurs noms.*

C'est un avis usé et généralement reçu, que celui qu'on donne de prendre les mots dans le sens de l'usage. En effet, il semble d'abord qu'il n'y a pas d'autre moyen, pour se faire entendre, que de parler comme les autres. Mais si, pour avoir de véritables connoissances, il faut recommencer sans se laisser prévenir en faveur des opinions accréditées, il me paroît que, pour rendre le langage exact, on doit le réformer sans s'assujettir toujours à l'usage. Il y a bien des erreurs qu'il seroit impossible de détruire, si l'on s'obstinoit à parler comme tout le monde. Il faut donc se faire un langage à soi, si l'on veut s'exprimer avec une exactitude, dont l'usage ne donne pas l'exemple.

*Pour parler avec exactitude, il ne faut pas s'assujettir à parler toujours comme l'usage.*

Ce n'est pas que je veuille qu'on se fasse une loi d'attacher toujours aux mots des idées toutes différentes de celles qu'ils signifient ordinairement : ce seroit une affectation puérile et ridicule. L'usage est uniforme et constant pour les noms des idées simples, et pour ceux de plusieurs notions familières au commun des hommes; alors il n'y faut rien changer. Mais lorsqu'il est question des idées complexes qui appartiennent plus particulièrement à la métaphysique et à la morale, il n'y a rien de plus arbitraire, ou même souvent de plus capricieux. C'est ce qui m'a porté à croire que, pour donner de la clarté et de la précision au langage, il falloit reprendre les matériaux de nos connoissances, et en faire de nouvelles combinaisons sans égard pour celles qui se trouvent faites.

<small>Comment les circonstances peuvent terminer le sens des mots.</small> L'usage ne fixe le sens des mots, que par le moyen des circonstances où l'on parle. A la vérité, il semble que ce soit le hasard qui dispose des circonstances : mais si nous savions nous-mêmes les choisir, nous pourrions faire dans toute occasion ce que le hasard nous fait faire dans quelques-unes ; c'est-à-dire, déterminer exactement la signification des mots. Il n'y a pas d'autre

moyen pour donner toujours de la précision au langage, que celui qui lui en a donné toutes les fois qu'il en a eu. Il faudroit donc se mettre d'abord dans des circonstances sensibles, afin de faire des signes pour exprimer les premières idées qu'on acquerroit par sensation ; et lorsqu'en réfléchissant sur celles-là, on en acquerroit de nouvelles, on feroit de nouveaux noms dont on détermineroit le sens, en plaçant les autres dans les circonstances où l'on se seroit trouvé, et en leur faisant faire les mêmes réflexions qu'on auroit faites. Alors les expressions succéderoient toujours aux idées : elles seroient donc claires et précises, puisqu'elles ne rendroient que ce que chacun auroit sensiblement éprouvé.

En effet, un homme qui commenceroit par se faire un langage à lui-même, et qui ne se proposeroit de s'entretenir avec les autres, qu'après avoir fixé le sens de ses expressions, par des circonstances où il auroit su se placer, ne tomberoit dans aucun des défauts qui nous sont si ordinaires. Les noms des idées simples seroient clairs, parce qu'ils ne signifieroient que ce qu'il appercevroit dans des circonstances choisies : ceux des idées complexes seroient précis, parce qu'ils ne renfermeroient que les idées simples que certaines circonstances réuniroient d'une manière déterminée. Enfin, quand il voudroit ajouter à ses premières combinaisons, ou en retrancher quelque chose, les signes qu'il emploieroit, conserveroient la clarté des premiers, pourvu que ce qu'il auroit ajouté ou retranché, se trouvât marqué par de nouvelles circonstances. S'il vouloit ensuite faire part aux autres de ce qu'il auroit pensé, il n'auroit qu'à les placer dans les mêmes points de vue où il s'est trouvé lui-même, lorsqu'il a imaginé les signes, et il les engageroit à lier les mêmes idées que lui aux mots qu'il auroit choisis.

Au reste, quand je parle de faire des mots, ce n'est pas que je veuille qu'on propose des termes tout nouveaux. Ceux qui sont autorisés par l'usage, me paroissent d'ordinaire suffisans pour parler sur toutes sortes de matières. Ce seroit même nuire à la clarté du langage, que d'inventer, sur-tout dans les sciences, des mots sans nécessité. Je me sers donc de cette façon de parler, *faire des mots*, parce que je ne voudrois pas qu'on commençât par exposer les termes pour les définir ensuite, comme on fait ordinairement : mais parce qu'il faudroit qu'après s'être mis dans des circonstances où l'on sentiroit, et où l'on verroit quelque chose, on donnât à ce qu'on sentiroit et à ce qu'on verroit un nom qu'on emprunteroit de l'usage. Ce tour m'a paru assez naturel, et d'ailleurs plus propre à marquer la différence qui se trouve entre la manière dont je voudrois qu'on déterminât la signification des mots, et les définitions des philosophes.

Je crois qu'il seroit inutile de se gêner dans le dessein de n'employer que les expressions accréditées par le langage des savans : peut-être même seroit-il plus avantageux de prendre dans le langage ordinaire les mots dont on auroit besoin. Quoique l'un ne soit pas plus exact que l'autre, je trouve cependant dans celui-ci un vice de moins ; c'est que les gens du monde, n'ayant pas autrement réfléchi sur les objets des sciences, conviendront assez

*Les mots dont se servent les savans ne sont pas les plus faciles à déterminer.*

volontiers de leur ignorance et du peu d'exactitude des mots dont ils se servent; les philosophes, au contraire, honteux d'avoir médité inutilement, sont toujours partisans entêtés des prétendus fruits de leurs veilles.

*Les noms des idées simples ont une signification déterminée.*

Afin de faire mieux comprendre cette méthode, il faut entrer dans un plus grand détail, et appliquer aux différentes idées ce que nous venons d'exposer d'une manière générale. Nous commencerons par les noms des idées simples.

L'obscurité et la confusion viennent de ce qu'en prononçant les mêmes mots, nous croyons nous accorder à exprimer les mêmes idées; quoique d'ordinaire les uns ajoutent à une idée complexe des idées partielles qu'un autre en retranche. De-là, il arrive que différentes combinaisons n'ont qu'un même signe, et que les mêmes mots ont dans différentes bouches, et souvent dans la même, des acceptions bien différentes. D'ailleurs, comme l'étude des langues, avec quelque peu de soin qu'elle se fasse, ne laisse pas de demander quelque réflexion, on coupe court; et on rapporte les signes à des réalités, dont on n'a point d'idées.

Tels sont, dans le langage de bien des philosophes, les termes d'*être*, de *substance*, d'*essence*, etc. Il est évident que ces défauts ne peuvent appartenir qu'aux idées qui sont l'ouvrage de l'esprit. Pour la signification des noms des idées simples, qui viennent immédiatement des sens, elle est connue tout-à-la-fois ; elle ne peut pas avoir pour objet des réalités imaginaires, parce qu'elle se rapporte immédiatement à de simples perceptions, qui sont en effet dans l'esprit telles qu'elles y paroissent. Ces sortes de termes ne peuvent donc être obscurs. Le sens en est si bien marqué par toutes les circonstances où nous nous trouvons naturellement, que les enfans même ne sauroient s'y tromper. Pour peu qu'ils soient familiarisés avec leur langue, ils ne confondent point les noms des sensations, et ils ont des idées aussi claires de ces mots, *blanc*, *noir*, *rouge*, *mouvement*, *repos*, *plaisir*, *douleur*, que nous-mêmes. Quant aux opérations de l'ame, ils les distinguent également, pourvu qu'elles soient simples, et que les circonstances en fassent l'objet de leur réflexion : on voit par l'usage qu'ils font de ces mots, *oui*, *non*, *je veux*, *je ne veux pas*, qu'ils en saisissent la vraie signification.

On m'objectera peut-être qu'il est démontré que les mêmes objets produisent différentes sensations dans différentes personnes; que nous ne les voyons pas sous les mêmes rapports de grandeurs, que nous n'y appercevons pas les mêmes couleurs, etc.

Je réponds que malgré cela nous nous entendrons toujours suffisamment par rapport au but qu'on se propose en métaphysique et en morale. Pour cette dernière, il n'est pas nécessaire de s'assurer, par exemple, que les mêmes châtimens produisent dans tous les hommes les mêmes sentimens de douleur, et que les mêmes récompenses soient suivies des mêmes sentimens de plaisir. Quelle que soit la variété avec laquelle les causes du plaisir et de la douleur affectent les hommes de différent tempérament, il suffit que le sens de ces mots *plaisir*, *douleur*, soit si bien arrêté, que personne ne puisse s'y méprendre. Or les circonstances, où nous nous trouvons tous les jours, ne nous permettent pas de nous tromper dans l'usage que nous sommes obligés de faire de ces termes.

Pour la métaphysique, c'est assez que les sensations représentent de l'étendue, des figures et des couleurs. La variété qui se trouve entre les sensations de deux hommes, ne peut occasionner aucune confusion. Que, par exemple, ce que j'appelle *bleu* me paroisse constamment ce que d'autres appellent *vert*, et que ce que j'appelle *vert* me paroisse constamment ce que d'autres appellent *bleu*, nous nous entendrons aussi bien, quand nous dirons, *les prés sont verts, le ciel est bleu*, que si, à l'occasion de ces objets, nous avions tous les mêmes sensations. C'est qu'alors, nous ne voulons dire autre chose, sinon que le ciel et les prés viennent à notre connoissance sous des apparences qui entrent dans notre ame par la vue, et que nous nommons *bleues*, *vertes*. Si l'on vouloit faire signifier à ces mots que nous avons précisément les mêmes sensations, ces propositions ne deviendroient pas obscures; mais elles seroient fausses, ou du moins elles ne seroient pas suffisamment fondées pour être regardées comme certaines.

Je crois donc pouvoir conclure que les noms des idées simples, tant ceux des sensations que ceux des opérations de l'ame, peuvent être fort bien déterminés par des circonstances ; puisqu'ils le sont déjà si exactement, que les enfans ne s'y trompent pas. Un philosophe doit seulement avoir attention, lorsqu'il s'agit des sensations, d'éviter deux erreurs où les hommes ont coutume de tomber par des jugemens précipités : l'une, c'est de croire que les sensations sont dans les objets ; l'autre, dont nous venons de parler, que les mêmes objets produisent dans chacun de nous les mêmes sensations.

<small>Comment on peut déterminer la signification des noms des idées complexes.</small>   Dès que les termes qui sont les signes des idées simples, sont exacts, rien n'empêche qu'on ne détermine ceux qui appartiennent aux autres idées. Il suffit pour cela de fixer le nombre et la qualité des idées simples dont on forme une notion complexe. Ce qui fait qu'on trouve tant d'obstacles à déterminer, dans ces occasions, le sens des noms, et qu'on y laisse souvent beaucoup

d'obscurité, c'est qu'on regarde, comme un bon guide, l'usage dont on s'est fait une habitude, et que, sans considérer s'il est exact et précis, on veut absolument s'y conformer. La morale fournit sur-tout des expressions si composées, et l'usage, que nous consultons, s'accorde si peu avec lui-même, qu'en voulant parler comme tout le monde, nous ne pouvons manquer de parler d'une manière peu exacte, et de tomber dans bien des contradictions. Un homme qui s'appliqueroit d'abord à ne considérer que des idées simples, et qui ne les rassembleroit sous des signes qu'à mesure qu'il se familiariseroit avec elles, ne courroit certainement pas les mêmes dangers. Les noms des idées les plus composées, dont il seroit obligé de se servir, auroient constamment une signification déterminée; parce qu'en choisissant lui-même les idées simples qu'il voudroit leur attacher, et dont il auroit soin de fixer le nombre, il renfermeroit le sens de chaque mot dans des limites tracées avec la dernière exactitude.

Mais si l'on ne veut renoncer à la vaine science de ceux qui rapportent les mots à *Précaution qu'il faut prendre.*

des réalités qu'ils ne connoissent pas, il est inutile de penser à donner de la précision au langage. L'arithmétique n'est démontrée dans toutes ses parties, que parce que nous avons une idée exacte de l'unité, et que par l'art avec lequel nous nous servons des signes, nous déterminons combien de fois l'unité est ajoutée à elle-même dans les nombres les plus composés. Dans d'autres sciences on veut, avec des expressions vagues et obscures, raisonner sur les idées complexes, et en découvrir les rapports. Pour sentir combien cette conduite est peu raisonnable, on n'a qu'à juger où nous en serions, si les hommes avoient pu mettre l'arithmétique dans la confusion où se trouvent la métaphysique et la morale.

Les idées complexes sont l'ouvrage de l'esprit : si elles sont défectueuses, c'est parce que nous les avons mal faites : le seul moyen pour les corriger, c'est de les refaire. Il faut donc reprendre les matériaux de nos connoissances, et les mettre en œuvre, comme s'ils n'avoient pas été employés. Pour y réussir, il est à propos, dans les commencemens, de n'attacher aux sons, que le plus petit nombre d'idées simples qu'il sera possible, de choisir celles que tout le monde peut appercevoir sans peine en se plaçant dans les mêmes circonstances que nous ; et de n'en ajouter de nouvelles, que quand on se sera familiarisé avec les premières, et qu'on se trouvera dans des circonstances propres à les faire entrer dans l'esprit d'une manière claire et précise. Par-là on s'accoutumera à joindre aux mots toutes sortes d'idées simples, en quelque nombre qu'elles puissent être.

La liaison des idées avec les signes est une habitude qu'on ne sauroit contracter tout d'un coup, principalement s'il en résulte des notions fort composées. Les enfans ne parviennent que fort tard à avoir des idées précises des nombres 1000, 10000, etc. Ils ne peuvent les acquérir que par un long et fréquent usage, qui leur apprend à multiplier l'unité, et à fixer chaque collection par des noms particuliers. Il nous sera également impossible, parmi la quantité d'idées complexes qui appartiennent à la métaphysique et à la morale, de donner de la précision aux termes que

*Il les faut refaire avec beaucoup d'ordre.*

nous aurons choisis, si nous voulons, dès la première fois et sans autre précaution, les charger d'idées simples. Il nous arrivera de les prendre tantôt dans un sens et bientôt après dans un autre, parce que n'ayant gravé que superficiellement dans notre esprit les collections d'idées, nous y ajouterons ou nous en retrancherons souvent quelque chose, sans nous en appercevoir. Mais si nous commençons à ne lier aux mots que peu d'idées, et si nous ne passons à de plus grandes collections qu'avec beaucoup d'ordre, nous nous accoutumerons à composer nos notions de plus en plus, sans les rendre moins fixes et moins assurées.

Voilà, Monseigneur, la méthode que j'ai suivie dans votre instruction. Au lieu, par exemple, de commencer par exposer les opérations de l'ame, pour les définir ensuite, je me suis appliqué à vous placer dans les circonstances les plus propres à vous en faire remarquer le progrès; et à mesure que vous vous êtes fait des idées qui ajoutoient aux précédentes, je les ai fixées par des noms, en me conformant à l'usage, toutes les fois que je l'ai pu sans inconvénient.

Nous avons deux sortes de notions complexes : les unes sont celles que nous formons sur des modèles ; ce sont celles des substances : les autres sont certaines combinaisons d'idées simples que l'esprit réunit sans avoir de modèles ; ce sont celles des êtres moraux.

<small>Deux sortes d'idées complexes.</small>

Ce seroit se proposer une méthode inutile dans la pratique, et même dangereuse, que de vouloir se faire des notions des substances en rassemblant arbitrairement certaines idées simples. Ces notions nous représenteroient des substances qui n'existeroient nulle part, rassembleroient des propriétés qui ne seroient nulle part rassemblées, sépareroient celles qui seroient réunies ; et ce seroit un effet du hasard, si elles se trouvoient quelquefois conformes à des modèles. Pour rendre les noms des substances clairs et précis, il faut donc consulter la nature, et ne leur faire signifier que les idées simples, que nous observerons exister ensemble.

<small>Comment nous devons former les idées des substances.</small>

Il y a encore d'autres idées qui appartiennent aux substances et qu'on nomme abstraites. Ce ne sont, comme je vous l'ai dit bien des fois, que des idées plus ou moins simples auxquelles nous donnons notre attention, en cessant de penser aux autres idées simples qui co-existent avec elles. Si nous cessons de penser à la substance des corps comme étant actuellement colorée et figurée, et que nous ne la considérions que comme quelque chose de mobile, de divisible, d'impénétrable, et d'une étendue indéterminée, nous aurons l'idée de la matière : idée plus simple que celle des corps, dont elle n'est qu'une abstraction, quoiqu'il ait plu à bien des philosophes de la réaliser. Si ensuite nous cessons de penser à la mobilité de la matière, à sa divisibilité et à son impénétrabilité, pour ne réfléchir que sur son étendue indéterminée, nous nous formerons une idée encore plus simple ; c'est celle de l'espace pur. Il en est de même de toutes les abstractions, par où il paroît que les noms des idées les plus abstraites sont aussi faciles à déterminer que ceux des substances mêmes.

Pour déterminer les notions des êtres moraux, il faut se conduire tout autrement que pour celles des substances. Les législateurs n'avoient point de modèles, quand ils ont réùni la première fois certaines idées simples, dont ils ont composé les lois ; et quand ils ont parlé de plusieurs actions humaines, avant d'avoir considéré s'il y en avoit des exemples quelque part. Les modèles des arts ne se sont pas non plus trouvés ailleurs que dans l'esprit des premiers inventeurs. Les substances telles que nous les connoissons, ne sont que certaines collections de propriétés qu'il ne dépend point de nous d'unir ni de séparer, et qu'il ne nous importe de connoître, qu'autant qu'elles existent : les actions des hommes sont des combinaisons qui varient sans cesse, et dont il est souvent de notre intérêt d'avoir des idées, avant que nous en ayons vu des modèles. Si nous n'en formions les notions qu'à mesure que l'expérience les feroit venir à notre connoissance, ce seroit souvent trop tard. Nous sommes donc obligés de nous y prendre différemment ; ainsi nous réunissons, ou séparons à notre

*Comment on détermine les notions des êtres moraux.*

choix et avec discernement certaines idées simples, ou bien nous adoptons les combinaisons que d'autres ont déjà faites.

Lorsque nous formons la notion complexe d'une substance, notre dessein est de connoître cette substance telle qu'elle est : c'est-là ce qui détermine le nombre, la qualité et l'ordre des idées simples, que nous rassemblons sous un seul mot. Nous devons avoir également un but bien arrêté, toutes les fois que nous formons des notions complexes sans modèle. Il n'y auroit autrement que désordre et confusion dans la réunion des idées simples : tout y seroit arbitraire, et nous raisonnerions sans nous entendre. Représentons-nous celui dont l'imagination s'est fait, pour la première fois, l'idée d'une montre. Son objet a été que, dans un temps donné, l'aiguille fît une révolution entière : et c'est sous ce point de vue qu'il compose d'abord en lui-même l'ouvrage qu'il exécute ensuite. Il en est de même de toutes les notions complexes : la fin doit toujours déterminer le nombre et la qualité des idées simples qu'elles renferment. Quand je prononce, par exemple, le mot *vertu*, je considère l'homme par rapport à la religion et à la société; et en conséquence, j'entends par *vertu* toutes les habitudes, qui nous rendent religieux et citoyens. Voilà un fonds qui appartient toujours à la notion complexe que je me fais. Mais cette notion suffisamment déterminée en général, ne l'est pas encore pour chaque cas particulier. Elle est susceptible de différens accessoires suivant les devoirs de chaque état. Elle varie donc continuellement: elle n'est jamais exactement dans un cas ce qu'elle est dans l'autre.

En mathématique et en physique, les notions ont cet avantage, qu'ayant une fois été déterminées, elles ne varient plus. Mais, en morale, elles se transforment de tant de manières, qu'il est rare que les hommes sachent les saisir avec précision. Retrouvant par-tout les mêmes mots, ils s'imaginent retrouver absolument par-tout les mêmes idées, et c'est-là une source de mauvais raisonnemens.

Il y a donc cette différence entre les notions des substances et les notions des êtres moraux, que nous regardons celles-ci

<small>Différence entre les notions des substances, et les notions des êtres moraux.</small>

comme des modèles, d'après lesquels nous jugeons des choses; et que celles-là ne sont que des copies, dont les choses nous ont donné les modèles. Pour la vérité des premières, il faut que les combinaisons de notre esprit soient conformes à ce qu'on remarque dans les choses. Pour la vérité des secondes, il suffit qu'au-dehors les combinaisons en puissent être telles qu'elles sont dans notre esprit. La notion de la justice seroit vraie, quand même on ne trouveroit point d'action juste, parce que sa vérité consiste dans une collection d'idées, qui ne dépend point de ce qui se passe hors de nous. Celle du fer n'est vraie qu'autant qu'elle est conforme à ce métal, parce qu'il en doit être le modèle.

*Il ne tient qu'à nous de fixer la signification des mots.* Par ce détail, il est facile de s'appercevoir qu'il ne tiendra qu'à nous de fixer la signification des noms, parce qu'il dépend de nous de déterminer les idées simples dont nous avons nous-mêmes formé des collections. On conçoit aussi que les autres entreront dans nos pensées, pourvu que nous les mettions dans des circonstances où les mêmes idées simples soient l'objet de leur esprit comme du nôtre, et où ils soient engagés à les réunir sous les mêmes noms que nous les aurons rassemblées.

Votre expérience, Monseigneur, vous fait connoître les avantages de cette méthode. En effet, comment vous êtes-vous fait la plupart des idées que vous avez acquises sur les sciences, sur la morale et sur les arts ? C'est en considérant successivement les circonstances où les inventeurs se sont trouvés, et en vous y plaçant vous-même. Ayant réussi par ce moyen, nous réussirons encore ; il suffira de continuer à nous conduire avec la même adresse ; or cela nous devient tous les jours plus facile (1).

---

(1) Lorsque, pour la première fois, je donnai ces réflexions sur la méthode, dans mon *Essai sur l'origine des connoissances humaines*, plusieurs personnes me dirent, avec raison, qu'il manquoit un exemple à ce chapitre. Je ne l'ignorois pas, mais je n'en trouvois nulle part ; et, quoique je visse ce qu'il falloit faire, je ne le savois pas faire encore. Aujourd'hui je crois pouvoir me flatter d'avoir suivi cette méthode dans tous mes livres élémentaires.

## CHAPITRE III.

*De l'Art de soutenir et de conduire son attention et sa réflexion.*

<small>L'expérience est sujette à nous tromper.</small> L'EXPÉRIENCE est l'habitude de juger par le souvenir de ce qu'on a vu, et des jugemens qu'on a déjà portés; elle s'acquiert par l'exercice des facultés de l'ame, et elle est aussi nécessaire dans la recherche de la vérité, que dans la conduite de la vie.

Mais puisqu'il est de sa nature de nous faire juger d'après ce que nous avons vu et d'après les jugemens que nous avons portés, elle doit nous jeter dans bien des erreurs; il suffit que nous ayons souvent vu superficiellement, et jugé précipitamment, chose fort ordinaire.

<small>Sur-tout dans les choses de spéculation.</small> Quand il s'agit de régler nos actions, les circonstances nous obligent souvent de reconnoître que nous manquons d'expérience, ou que celle que nous avons est très-fautive; il n'en est pas de même quand nous avons à raisonner sur des choses de

pure spéculation : alors il est très-rare qu'on se rende à soi-même le témoignage de n'avoir ni assez vu, ni assez bien vu. Rien n'est si commun que de juger sans avoir réfléchi.

Notre réflexion a deux objets : les sensations actuelles et les sensations que nous nous souvenons d'avoir eues ; et ces deux choses s'éclairent mutuellement. Tantôt ce que nous avons éprouvé, nous aide à mieux démêler ce que nous éprouvons ; d'autres fois, ce que nous éprouvons corrige des erreurs où nous sommes tombés par des jugemens précipités.

*Notre réflexion s'occupe des sensations que nous avons, ou de celles que nous avons eues.*

Les objets sensibles étant fort composés, nous ne pouvons les comparer qu'en formant des abstractions : par-là nous voyons ce qui convient à tous, et ce qui les distingue, et nous les distribuons en différentes classes.

*En faisant des abstractions, elle se fait des idées intellectuelles.*

Or les idées ne peuvent plus tomber sous les sens, lorsqu'elles sont abstraites et générales. Nous ne saurions voir un corps en général, un arbre en général. Nous ne saurions même rien imaginer de semblable. Il en est de même de toutes les idées sensibles, lorsqu'on les considère d'une manière générale, un son en général, une saveur en général.

Les idées, ainsi considérées, deviennent intellectuelles; car, quoique originairement elles n'aient été que des sensations, elles ne sont plus l'objet de la faculté qui sent; elles sont l'objet de la faculté intelligente; c'est-à-dire, de la faculté qui abstrait, qui compare et qui juge.

*Nous ne saurions réfléchir sans nous occuper de quelques idées intellectuelles.* Notre réflexion peut se borner aux idées intellectuelles; car je puis ne réfléchir que sur des idées abstraites; mais nous ne saurions la borner à des idées sensibles. Nous ne réfléchissons, par exemple, sur la grandeur d'un corps, que parce que nous comparons sa grandeur avec celle d'un autre corps. Dès-lors notre esprit est occupé d'une idée commune, abstraite et par conséquent intellectuelle.

*Si les idées intellectuelles que la mémoire retrace sont mal faites, nous jugeons mal.* C'est à la mémoire à retracer les idées intellectuelles, puisque c'est elle qui les conserve. Si elle les rappelle trop lentement, la réflexion laissera échapper le moment de juger, ou elle jugera avec précipitation, et sans avoir fait toutes les comparaisons nécessaires. Si la mémoire manque d'ordre et de netteté, les idées se présenteront comme un tableau confus, où l'on discerne à peine quelques traits; il ne sera pas possible de faire des analyses exactes, et la réflexion ne s'exercera que pour mal juger.

Il est donc bien important de s'assurer de sa mémoire, et des idées qu'on lui a confiées. Or, pour s'assurer de sa mémoire, il faut l'exercer beaucoup; et pour s'assurer de l'exactitude des idées dont elle a le dépôt, il faut reprendre nos connoissances à leur origine, et en suivre la génération. Voilà ce que nous avons essayé de faire. *Il faut donc s'assurer de la précision des idées que nous confions à notre mémoire.*

Quand on est sûr de sa mémoire, et des idées qu'elle rappelle, il ne s'agit plus que de savoir régler sa réflexion; c'est-à-dire, de savoir la fixer, la soutenir jusqu'à ce qu'on soit convaincu d'avoir bien analysé les objets dont on veut juger. *et alors il ne reste plus qu'à savoir soutenir et conduire sa réflexion.*

Nous avons pour cela bien des secours: si les objets sont présens, nous les touchons, nous fixons sur eux la vue, nous les regardons sous toutes les faces, nous prêtons l'oreille au bruit qu'ils font, etc.; *Comment les sens la soutiennent.*

s'ils sont absens, la main en trace l'image aux yeux; l'imagination les colore, la mémoire rappelle tout ce que nous y avons remarqué, nous en parlons avec nous-mêmes : par-là les sens, la mémoire, l'imagination concourent à déterminer l'attention sur un objet ; et tout, jusqu'aux paroles qu'on prononce, donne des secours à la réflexion.

<small>Comment ils la distrayent.</small>
Mais il n'y a pas toujours autant de concert entre nos facultés. Souvent elles nuisent à l'attention, et par conséquent à la réflexion, par les idées contraires qu'elles offrent tout-à-coup. Ainsi ce que j'entends, me distrait, malgré moi, de ce que je vois ; et une idée souvent futile qui s'offre à mon imagination, m'arrache aux méditations les plus profondes.

<small>Ils ne sont pas un obstacle à la réflexion.</small>
Les philosophes méditatifs sont tombés, à cette occasion, dans une erreur grossière ; ils ont cru que les sens sont un obstacle à la réflexion. Il ont vu les distractions qu'ils nous donnent, ils n'ont pas vu comment ils contribuent à nous rendre attentifs.

<small>On peut méditer dans le bruit comme dans le silence.</small>
Qu'on se recueille dans le silence et dans l'obscurité, le plus petit bruit, ou

la moindre lueur suffira pour distraire, si l'on est frappé de l'un ou de l'autre au moment qu'on ne s'y attendoit point. C'est que les idées dont on s'occupe, se lient naturellement avec la situation où l'on se trouve ; et qu'en conséquence, les perceptions qui sont contraires à cette situation, ne peuvent survenir, qu'aussitôt l'ordre des idées ne soit troublé. On peut remarquer la même chose dans une supposition toute différente. Si, pendant le jour et au milieu du bruit, je réfléchis sur un objet, ce sera assez pour me donner une distraction, que la lumière ou le bruit cesse tout-à-coup; dans ce cas, comme dans le premier, les nouvelles perceptions que j'éprouve sont tout-à-fait contraires à l'état où j'étois auparavant. L'impression subite, qui se fait en moi, doit donc encore interrompre la suite de mes idées.

Cette seconde expérience fait voir que la lumière et le bruit ne sont pas un obstacle à la réflexion : je crois même qu'il ne faudroit que de l'habitude, pour en tirer de grands secours. Il n'y a proprement que les révolutions inopinées, qui puissent nous

*Ce sont les sensations inopinées qui nuisent à la réflexion.*

distraire. Je dis *inopinées* ; car quels que soient les changemens qui se font autour de nous, ils n'offrent rien à quoi nous ne devions naturellement nous attendre, ils ne font que nous appliquer plus fortement à l'objet dont nous voulions nous occuper. Combien de choses différentes ne rencontre-t-on pas quelquefois dans une même campagne ? Les côteaux abondans, des plaines arides, des rochers qui se perdent dans les nues, des bois où le bruit et le silence, la lumière et les ténèbres se succèdent alternativement, etc. Cependant les poëtes éprouvent tous les jours que cette variété les inspire ; c'est qu'étant liée avec les plus belles idées dont la poésie se pare, elle ne peut manquer de les réveiller. La vue, par exemple, d'un côteau abondant retrace le chant des oiseaux, le murmure des ruisseaux, le bonheur des bergers, leur vie douce et paisible, leurs amours, leur constance, leur fidélité, la pureté de leurs mœurs, etc.

*Les sens et l'imagination aident la réflexion.*

L'homme ne pense qu'autant qu'il emprunte des secours, soit des objets qui lui frappent les sens, soit de ceux dont son imagination lui retrace les images; et cette observation est vraie pour les philosophes comme pour les poëtes. Il est certain que, selon les habitudes que l'esprit s'est faite, il n'y a rien qui ne puisse nous aider à réfléchir : c'est qu'il n'est point d'objets auxquels nous n'ayons le pouvoir de lier nos idées, et qui, par conséquent, ne soient propres à faciliter l'exercice de la mémoire et de l'imagination. Tout consiste à savoir former ces liaisons conformément au but qu'on se propose, et aux circonstances où on se trouve. Avec cette adresse, il ne sera pas nécessaire d'avoir, comme quelques philosophes, la précaution de se retirer dans des solitudes, ou de s'enfermer dans un caveau, pour y méditer à la lueur d'une lampe. Ni le jour, ni les ténèbres, ni le bruit, ni le silence, rien ne peut mettre obstacle à l'esprit d'un homme qui sait penser : tout dépend des habitudes qu'on s'est faites. Quand il faut peu de chose pour distraire, c'est qu'on est peu accoutumé à réfléchir.

Continuellement assaillis par des idées sensibles et par des idées intellectuelles, *Il s'agit seulement d'écarter les idées qui n'ont pas assez de rapport*

<small>avec celles dont nous voulons nous occuper.</small>

nous sommes entraînés des unes aux autres. Tantôt elles nous fixent avec effort sur l'objet de notre réflexion, tantôt elles nous transportent sur des objets bien différens; et elles produisent ces effets si contraires, suivant les rapports qu'elles ont avec la chose dont nous voulons nous occuper. Il ne faut donc pas plus renoncer aux idées sensibles, qu'aux idées intellectuelles; et il faut écarter les idées intellectuelles, comme les idées sensibles, lorsqu'elles n'ont point d'analogie avec l'objet de notre réflexion.

En effet, quand on veut réfléchir sur des choses sensibles, il est évident que, s'il y a des sensations dont il faut se garantir, il y en a aussi auxquelles on ne sauroit trop se livrer.

<small>Moyens propres à cet effet.</small>

Mais le plus difficile, c'est de commander à notre imagination. Quelquefois, plus nous voulons écarter les idées dont elle traverse notre réflexion, plus ces idées se montrent obstinément. Alors il faut emprunter le secours de toutes nos facultés. Nous regarderons avec effort l'objet que nous voulons étudier; nous le toucherons, nous en désignerons de la main toutes les parties, nous nous dirons à haute voix tout ce que nous y remarquerons ; nous déterminerons encore notre mémoire à nous rappeler de pareils objets, à nous rappeler les impressions qu'ils ont faites sur nous, les jugemens que nous en avons portés : nous écarterons, au contraire, toutes les choses sensibles qui ont quelque rapport avec les idées capables de nous distraire. Si, après ces moyens, on ne devient pas maître de son imagination, il ne restera plus qu'à attendre qu'elle se ralentisse d'elle-même.

Le même artifice soutient l'attention qu'on veut donner aux idées intellectuelles. Car s'il y a des sensations propres à nous distraire de pareils objets, il y en a aussi qui nous y appliquent davantage : telles sont toutes les sensations qui sont ou qui pourroient être l'origine de ces idées. Aussi l'imagination nous est-elle, en pareil cas, d'un grand secours : elle rend les idées équivalentes à des sensations, elle nous présente sans cesse les tableaux qui ont avec elles la plus grande analogie, et elle empêche que rien ne puisse nous distraire.

*Il faut s'observer, pour aprendre à conduire sa réflexion.*

Il n'y a personne qui ne tire quelquefois de son propre fonds, des pensées qu'il ne doit qu'à lui, quoique peut-être elles ne soient pas neuves. C'est dans ces momens qu'il faut rentrer en soi, pour réfléchir sur tout ce qu'on éprouve. Il faut remarquer les impressions qui se faisoient sur les sens, la manière dont l'esprit étoit affecté; le progrès de ses idées, en un mot toutes les circonstances qui ont pu faire naître une pensée qu'on ne doit qu'à sa propre réflexion. Si on veut s'observer plusieurs fois de la sorte, on ne manquera pas de découvrir quelle est la marche naturelle de son esprit. On connoîtra, par conséquent, les moyens qui sont les plus propres à le faire réfléchir; et même s'il s'est fait quelque habitude contraire à l'exercice de ses opérations, on pourra peu-à-peu l'en corriger.

*Les hommes de génie nous auroient rendu un grand service s'ils avoient donné l'histoire des progrès de leur esprit.*

On reconnoîtroit facilement ses défauts, si on pouvoit remarquer que les plus grands hommes en ont eu de semblables. Les philosophes auroient suppléé à l'impuissance où nous sommes pour la plupart, de nous étudier nous-mêmes, s'ils nous avoient laissé l'histoire des progrès de leur esprit.

Descartes l'a fait, et c'est une des grandes obligations que nous lui ayons. Au lieu d'attaquer directement les Scholastiques, il représente le temps où il étoit dans les mêmes préjugés; il ne cache point les obstacles qu'il a eus à surmonter pour s'en dépouiller; il donne les règles d'une méthode beaucoup plus simple qu'aucune de celles qui avoient été en usage jusqu'à lui; et laissant entrevoir les découvertes qu'il croit avoir faites, il prépare, par cette adresse, les esprits à recevoir les nouvelles opinions qu'il se proposoit d'établir (1). Je crois que cette conduite a eu beaucoup de part à la révolution dont ce philosophe est l'auteur.

Les mathématiques sont la science où l'on connoît le mieux l'art de conduire sa réflexion. Elles doivent cet avantage à la précision des idées, à l'exactitude des signes et à l'enchaînement dans lequel elles présentent les choses.

*Pourquoi les mathématiciens sont ceux qui connoissent le mieux l'art de conduire la réflexion.*

C'est par-là que les mathématiciens poussent l'analyse jusques dans les derniers

---

(1) *Voyez* sa Méthode.

termes. Qu'on sache donner de la précision aux idées, de l'exactitude aux signes, et de l'ordre aux différens objets qu'on a à traiter, il ne sera pas bien difficile de réfléchir.

En effet, quand vous voyez devant vous le terme où vous voulez arriver, et que vous êtes dans le chemin qui vous y conduit, en arriverez-vous moins pour avoir eu des distractions ? Ou quand vous vous serez entretenu avec tous ceux que vous aurez rencontrés, ne vous retrouverez-vous pas toujours dans votre chemin, et ne pouvez-vous pas le continuer ? Or un ouvrage qu'on fait est un chemin qu'on suit pour arriver à un terme. Si vous avez bien médité votre sujet, vous savez par où vous devez commencer ; et si vous commencez bien, vous n'avez plus qu'à suivre le chemin qui s'ouvre devant vous; il vous conduira au terme que vous ne perdez point de vue. Vous pourrez vous interrompre, vous pourrez, par intervalles, vous entretenir de toute autre chose, vous vous retrouverez toujours où vous en étiez, et vous reprendrez votre ouvrage où vous l'aviez laissé.

## CHAPITRE IV.

### *De l'analyse.*

ANALYSER, c'est décomposer, comparer et saisir les rapports. <small>Conditions nécessaires à l'analyse.</small>

Mais l'analyse ne décompose que pour faire voir, autant qu'il est possible, l'origine et la génération des choses. Elle doit donc présenter les idées partielles dans le point de vue où l'on voit se reproduire le tout qu'on analyse. Celui qui décompose au hasard, ne fait que des abstractions : celui qui n'abstrait pas toutes les qualités d'un objet, ne donne que des analyses incomplettes : celui qui ne présente pas ses idées abstraites dans l'ordre qui peut facilement faire connoître la génération des objets, fait des analyses peu instructives, et ordinairement fort obscures. L'analyse est donc la décomposition entière d'un objet, et la distribution des parties dans l'ordre où la génération devient facile. J'ai suivi, Monseigneur, cette méthode dans nos leçons ;

ainsi, je n'ai pas besoin de vous en donner des exemples.

<small>Avantages de cette méthode.</small> L'analyse est le vrai secret des découvertes, parce qu'elle tend, par sa nature, à nous faire remonter à l'origine des choses. Elle a cet avantage, qu'elle n'offre jamais que peu d'idées à-la-fois, et toujours dans la gradation la plus simple. Elle est ennemie des principes vagues, et de tout ce qui peut être contraire à l'exactitude et à la précision. Ce n'est point avec le secours des propositions générales qu'elle cherche la vérité, mais toujours par une espèce de calcul; c'est-à-dire, en composant et décomposant les notions, jusqu'à ce qu'on les ait comparées sous tous les rapports favorables aux découvertes qu'on a en vue. Ce n'est pas non plus par des définitions, qui d'ordinaire ne font que multiplier les disputes, c'est en expliquant la génération de chaque idée. On voit par-là qu'elle est la seule méthode qui puisse donner de l'évidence à nos raisonnemens : et par conséquent la seule qu'on doive suivre dans la recherche de la vérité.

<small>Analyse com-</small> Tantôt une analyse est complette en

elle-même, tantôt elle ne l'est que relati- *nlette et analyse incomplette.*
vement aux connoissances que nous avons.
Dans le premier cas elle remonte aux qualités primitives, les embrasse toutes et ne
présuppose rien. Dans le second, elle est
véritablement incomplette : elle s'arrête
aux qualités secondaires, aux effets que
nous découvrons, aux phénomènes, et elle
ne peut nous rapprocher des principes.

Le géomètre donne des exemples d'analyses complettes en elles-mêmes, toutes
les fois qu'il détermine le nombre et la
grandeur des angles et des côtés d'une
figure. Il est évident que ces analyses ne
présupposent rien ; car une figure ne sauroit avoir autre chose que des angles et des
côtés.

En physique, au contraire, les analyses
ne sont complettes que relativement aux
découvertes que nous avons faites. En vain
décompose-t-on toutes les qualités qui tombent sous nos sens ; il faut nécessairement
qu'il en échappe, et il en échappera toujours.
Des instrumens suppléent à la foiblesse de
nos organes, et paroissent nous découvrir
un nouveau monde : mais dans le vrai, ce

ne sont que de nouvelles décorations qu'ils font passer devant nous, et la nature reste cachée derrière un voile qui ne se lève jamais. D'ailleurs l'art ne peut découvrir que des qualités analogues à celles que nous connoissons déjà; et un microscope ne seroit pas plus inutile à des aveugles, qu'à nous un instrument propre à faire appercevoir des qualités pour lesquelles il faudroit d'autres sens que les nôtres.

*Les analyses complettes nous donnent des connoissances absolues.*

Quand nos analyses sont en elles-mêmes complettes, nous avons des connoissances absolues, c'est-à-dire, que nous savons ce que les choses sont en elles-mêmes. Nous savons, par exemple, qu'un triangle est composé de trois côtés. En pareil cas nous connoissons la nature des choses.

*Les analyses incomplettes nous donnent de connoissances relatives.*

Nous n'avons que des connoissances relatives à nous; nous savons seulement ce que les êtres sont à notre égard, lorsque les analyses ne sont pas complettes en elles-mêmes. Telles sont toutes les notions que nous nous formons des objets sensibles. Quand je fais, par exemple, l'énumération de toutes les qualités qu'on a découvertes dans l'or, je donne une analyse qui n'est complette que par rapport aux connoissances qu'on a acquises sur ce métal : mais je n'en connois pas mieux ce qu'il est en lui-même. En pareil cas l'analyse ne sauroit pénétrer dans la nature des êtres.

L'analyse des facultés de l'ame est complette, si nous nous contentons de remonter jusqu'aux sensations simples, jusqu'aux sensations dégagées de tout jugement : mais elle est incomplette, si nous voulons pénétrer dans la nature de l'être sentant. Cette méthode ne nous permet pas de croire long-temps que nous soyons faits pour de pareilles recherches; elle nous fait bientôt appercevoir des idées qui nous manquent, et elle nous garantit de tous les mauvais raisonnemens que la synthèse fait faire aux philosophes.

C'est déjà un avantage : elle en a encore un autre, celui de mener à des découvertes: car les facultés de l'ame étant une fois bien analysées, il ne reste plus qu'à faire des comparaisons pour connoître les rapports qui sont entre elles, et la manière dont elles naissent d'un même principe. Pourquoi cette vérité, *le jugement, la réflexion*, *les passions, toutes les facultés de l'ame ne sont que la sensation transformée,* a-t-elle échappé à Locke et à tous les métaphysiciens ? C'est qu'aucun n'a connu cette analyse rigoureuse dont nous faisons usage.

<small>Si on ne sait pas analyser, on raisonne sans clarté et sans précision.</small>

Pour raisonner sans clarté et sans précision, il suffit de s'être embarrassé dans une idée vague, dont on n'a pas su faire l'analyse. Alors on est arrêté au moment qu'on auroit pu faire une découverte; et on répand sur les vérités connues une obscurité qui permet rarement de les démontrer. Les métaphysiciens en donnent des exemples, lorsque peu délicats sur le choix des preuves, ils accumulent l'un sur l'autre de mauvais raisonnemens, disant toujours, *cela est évident*, lorsque leurs propositions sont absurdes, ou probables tout au plus, avançant, comme incontestable tout ce qu'ils pensent; regardant, comme incompréhensible tout ce qu'ils n'ont pas imaginé ; rêvant qu'ils voient la lumière, et se croyant faits pour la montrer.

On raisonne donc au hasard, quand on ne sait pas analyser; car alors on ne peut reconnoître l'évidence, ni en distinguer les différentes espèces, ni, lorsqu'elle manque, déterminer les différens degrés de certitude dont les choses sont susceptibles : on donne des principes vagues pour des idées ; des définitions de mot, pour des essences ; et des discours confus, pour des démonstrations.

Il n'est pas toujours possible à l'analyse d'apprécier tous les rapports. Par exemple, comment déterminer entre des couleurs les degrés de différence ou de ressemblance ? Comment les déterminer entre des saveurs, des odeurs, entre des qualités tactiles, telles que le chaud, le froid, la dureté, la mollesse, etc. ? Comment les déterminer entre toutes les idées qu'on peut comprendre sous les termes généraux de *plaisir* et de *douleur* ? Ce sont là des sensations simples qu'on ne peut ni diviser, ni mesurer. L'oreille même n'est parvenue à marquer avec précision les intervalles des sons, que parce que d'autres sens ont mesuré les corps sonores.

*Il y a des rapports que l'analyse ne peut pas apprécier.*

Les mathématiques passent pour la science la mieux démontrée, non qu'il ne

*En quoi consiste la force des démonstrations mathématiques.*

soit possible aux autres sciences de donner d'aussi bonnes démonstrations, mais parce qu'elle est appuyée sur des principes plus sensibles, et sur des idées qui sont naturellement déterminées. Quand, pour s'élever dans l'infini, elle perd de vue ces principes et ces idées, elle devient incertaine ; et elle s'égare souvent dans des paralogismes. Ce qui lui est encore favorable, c'est qu'aucun préjugé ne nous intéresse à nous refuser à ses démonstrations ; et que lorsque le commun des hommes ne la peut pas suivre dans ses spéculations, tout le monde s'accorde à en juger sur le témoignage des géomètres.

*Méprise à ce sujet.* Comme il est bien plus difficile de juger de la force des démonstrations par la seule comparaison des idées que par la forme sensible qu'elles prennent constamment dans le discours, on s'est fait une habitude de juger qu'il y a démonstration par-tout où l'on trouve la forme dont les géomètres se servent, et qu'il n'y en a point là où cette forme ne se trouve pas. De-là il est arrivé que les uns ont dit, *il n'y a des démonstrations qu'en mathématiques ,* et que d'autres, ayant fait bien des efforts pour transporter dans la théologie, dans la morale et ailleurs tout ce qu'ils ont pu de la forme géométrique, se sont imaginés faire des démonstrations.

Mais si, n'ayant aucun égard aux formes, qui, dans le vrai, ne font rien à l'évidence, nous ne considérons que les idées, nous reconnoîtrons que l'identité qui fait seule, en mathématiques, la force des démonstrations, donne aussi des démonstrations dans les autres sciences : c'est aux esprits justes, sans prévention et capables d'une attention soutenue, qu'il appartient d'en juger.

## CHAPITRE V.

*De l'ordre qu'on doit suivre dans la recherche de la vérité.*

<small>La même méthode qui a conduit à une découverte peut conduire à d'autres.</small>

IL me semble qu'une méthode qui a conduit à une vérité, peut conduire à une seconde, et que la meilleure doit être la même pour toutes les sciences. Il suffiroit donc de réfléchir sur les découvertes qui ont été faites, pour apprendre à en faire de nouvelles : les plus simples seroient les plus propres à cet effet, parce qu'on remarqueroit avec moins de peine les moyens qui ont été mis en usage. Je prendrai pour exemple les notions élémentaires de l'arithmétique, et je suppose que nous fussions dans le cas de les acquérir pour la première fois.

<small>Méthode qui réussit en arithmétique.</small>

Nous commencerions sans doute par nous faire l'idée de l'unité, et l'ajoutant plusieurs fois à elle-même, nous en formerions des collections que nous fixerions par des signes. Nous répéterions cette opération; et par ce moyen nous aurions bientôt, sur les nombres, autant d'idées complexes que nous souhaiterions d'en avoir. Nous réfléchirions ensuite sur la manière dont elles se sont formées, nous en observerions les progrès, et nous apprendrions infailliblement les moyens de les décomposer. Dès-lors nous pourrions comparer les plus complexes avec les plus simples, et découvrir les propriétés des unes et des autres.

Dans cette méthode, les opérations de l'esprit n'auroient pour objet que des idées simples ou des idées complexes que nous aurions formées, et dont nous connoîtrions parfaitement la génération. Nous ne trouverions donc point d'obstacle à découvrir les premiers rapports des grandeurs. Ceux-là connus, nous verrions plus facilement ceux qui les suivent immédiatement, et qui ne manqueroient pas de nous en faire appercevoir d'autres. Ainsi, après avoir commencé par les plus simples, nous nous éleverions insensiblement aux plus composés; et nous nous ferions une suite de connoissances qui dépendroient si fort les unes des autres, qu'on ne pourroit arriver aux plus éloignées que par celles qui les auroient précédées.

<small>Une pareille méthode seus[...] également[...] les autres sciences.</small> Les autres sciences, qui sont également à la portée de l'esprit humain, n'ont pour principes que des idées simples qui nous viennent par sensation. Pour en acquérir des notions complexes, nous n'avons, comme dans les mathématiques, d'autre moyen, que de réunir les idées simples en différentes collections. Il y faut donc suivre le même ordre dans les idées, et apporter la même précaution dans le choix des signes.

Bien des préjugés s'opposent à cette conduite : mais voici le moyen que j'imagine pour s'en garantir.

<small>Comment on [...] l'em[...]</small> C'est dans l'enfance que nous nous sommes imbus des préjugés qui retardent les progrès de nos connoissances, et qui nous font tomber dans l'erreur. Un homme que Dieu créeroit d'un tempérament mûr, et avec des organes si bien développés, qu'il auroit, dès les premiers instans, un parfait usage de la raison, ne trouveroit pas dans la recherche de la vérité les mêmes obstacles que nous. Il n'inventeroit des signes

qu'à mesure qu'il éprouveroit de nouvelles sensations, et qu'il feroit de nouvelles réflexions. Il combineroit ses premières idées selon les circonstances où il se trouveroit ; il fixeroit chaque collection par des noms particuliers : et, quand il voudroit comparer deux notions complexes, il pourroit aisément les analyser, parce qu'il ne trouveroit point de difficulté à les réduire aux idées simples dont il les auroit lui-même formées. Ainsi n'imaginant jamais des mots qu'après s'être fait des idées, ses notions seroient toujours exactement déterminées, et sa langue ne seroit point sujette aux obscurités et aux équivoques des nôtres. Imaginons-nous donc être à la place de cet homme ; passons par toutes les circonstances où il doit se trouver ; voyons avec lui ce qu'il sent ; formons les mêmes réflexions ; acquérons les mêmes idées ; analysons-les avec le même soin ; exprimons-les par de pareils signes, et faisons-nous, pour ainsi dire, une langue toute nouvelle.

En ne raisonnant suivant cette méthode, que sur des idées simples, ou sur *Avantages qui en résulteroient.*

des idées complexes qui seront l'ouvrage de l'esprit, nous aurons deux avantages ; le premier, c'est que connoissant la génération des idées sur lesquelles nous méditerons, nous n'avancerons point que nous ne sachions où nous sommes, comment nous y sommes venus, et comment nous pourrions retourner sur nos pas. Le second, c'est que dans chaque matière nous verrons sensiblement quelles sont les bornes de nos connoissances ; car nous les trouverons, lorsque les sens cesseront de nous fournir des idées, et que, par conséquent, l'esprit ne pourra plus former de notions. Or rien ne me paroît plus important que de discerner les choses auxquelles nous pouvons nous appliquer avec succès, de celles où nous ne pouvons qu'échouer. Pour n'en avoir pas su faire la différence, les philosophes ont souvent perdu à examiner des questions insolubles, un tems qu'ils auroient pu employer à des recherches utiles. On en voit un exemple dans les efforts qu'ils ont faits pour expliquer l'essence et la nature des êtres.

Toutes les vérités se bornent aux rapports qui sont entre des idées simples, entre des idées complexes, et entre une idée simple et une idée complexe. Par la méthode que je propose, on pourra éviter les erreurs où l'on tombe dans la recherche des unes et des autres.  *Elle garantiroit de tous des erreurs.*

Les idées simples ne peuvent donner lieu à aucune méprise. La cause de nos erreurs vient de ce qu'observant superficiellement une notion, nous ne remarquons pas tout ce qu'elle renferme, et que par conséquent nous en retranchons, sans nous en appercevoir, des idées qui en sont des parties essentielles ; ou de ce que notre imagination, jugeant précipitamment, y suppose ce qui n'y est pas, et par conséquent nous y fait voir des idées qui n'en ont jamais fait partie. Or nous ne pouvons rien retrancher d'une idée simple; puisque nous n'y distinguons point de parties; et nous n'y pouvons rien ajouter, tant que nous la considérons comme simple, puisqu'elle perdroit sa simplicité.

Ce n'est que dans l'usage des notions complexes qu'on pourroit se tromper, soit en ajoutant, soit en retranchant quelque chose mal à propos. Mais, si nous les avons faites avec les précautions que je demande, il suffira, pour éviter les méprises, d'en reprendre la génération ; car par ce moyen nous y verrons ce qu'elles renferment, et rien de plus, ni de moins. Cela étant, quelques comparaisons que nous fassions des idées simples et des idées complexes, nous ne leur attribuerons jamais d'autres rapports que ceux qui leur appartiennent.

*Les philosophes ne se sont trompés que parce qu'ils ne font pas d'analyse.*

Les philosophes ne font des raisonnemens si obscurs et si confus, que parce qu'ils ne soupçonnent pas qu'il y ait des idées qui soient l'ouvrage de l'esprit ; ou que, s'ils le soupçonnent, ils sont incapables d'en découvrir la génération. Prévenus que les idées sont innées, ou que, telles qu'elles sont, elles ont été bien faites, ils croient n'y devoir rien changer, et ils les adoptent avec confiance. Comme on ne peut bien analyser que les idées qu'on a soi-même formées avec ordre, leurs analyses sont presque toujours défectueuses. Ils étendent ou restreignent mal à propos la signification des mots, ils la changent sans s'en appercevoir, ou même ils rapportent les mots à des notions vagues et à des réalités inintelligibles. Il faut, qu'on me permette de le répéter, il faut donc se faire une nouvelle combinaison d'idées; commencer par les plus simples que les sens transmettent; en former des notions complexes, qui, en se combinant à leur tour, en produiront d'autres, et ainsi de suite. Pourvu que nous consacrions des noms distincts à chaque collection, cette méthode ne peut manquer de nous faire éviter l'erreur.

Descartes a eu raison de penser que, pour arriver à des connoissances certaines, il falloit commencer par rejeter toutes celles que nous croyons avoir acquises : mais il s'est trompé, lorsqu'il a cru qu'il suffisoit pour cela de les révoquer en doute. Douter si deux et deux font quatre, si l'homme est un animal raisonnable, c'est avoir des idées de deux, de quatre, d'homme, d'animal et de raisonnable. Le doute laisse donc subsister les idées telles qu'elles sont; et nos erreurs, venant de ce que nos idées ont été mal faites, il ne les sauroit pré-

*Le doute de Descartes est inutile, et même impraticable.*

venir. Il peut, pendant un temps, nous faire suspendre nos jugemens : mais enfin nous ne sortirons d'incertitude, qu'en consultant les idées qu'il n'a pas détruites ; et, par conséquent, si elles sont vagues et mal déterminées, elles nous égareront comme auparavant. Le doute de Descartes est donc inutile. Chacun peut éprouver par lui-même qu'il est encore impraticable : car, si l'on compare des idées familières et bien déterminées, il n'est pas possible de douter des rapports qui sont entre elles : telles sont, par exemple, celles des nombres.

*Les idées que Descartes appelle simples, ne sont pas celles par où il faut commencer.*

Si ce philosophe n'avoit pas été prévenu pour les idées innées, il auroit vu que l'unique moyen de se faire un nouveau fonds de connoissances, étoit de détruire les idées mêmes, pour les reprendre à leur origine, c'est-à-dire, aux sensations. Par-là on peut remarquer une grande différence entre dire avec lui qu'il faut commencer par les choses les plus simples, ou suivant ce qu'il m'en paroît, par les idées les plus simples que les sens transmettent. Chez lui, les choses les plus simples sont des idées innées, des principes généraux et des notions abstraites, qu'il regarde comme la source de nos connoissances. Dans la méthode que je propose, les idées les plus simples sont les premières idées particulières qui nous viennent par sensation. Ce sont les matériaux de nos connoissances, que nous combinerons selon les circonstances, pour en former des idées complexes et des idées abstraites, dont l'analyse nous découvrira les rapports. Il faut remarquer que je ne me borne pas à dire qu'on doit commencer par les idées les plus simples, mais je dis par les idées les plus simples *que les sens transmettent*, ce que j'ajoute afin qu'on ne les confonde pas avec les notions abstraites, ni avec les principes généraux des philosophes. L'idée du solide, par exemple, toute complexe qu'elle est, est une des plus simples qui viennent immédiatement des sens. A mesure qu'on la décompose, on se forme des idées plus simples qu'elle, et qui s'éloignent dans la même proportion de celles que les sens transmettent. On la voit diminuer dans la surface, dans la ligne, et disparoître entièrement dans le point. (1)

<small>Il ne faut pas non plus commencer par des définitions.</small>

Il y a encore une différence entre la méthode de Descartes et celle que j'essaie d'établir. Selon lui, il faut commencer par définir les choses, et regarder les définitions comme des principes propres à en faire découvrir les propriétés. Je crois, au contraire, qu'il faut commencer par chercher les propriétés, et il me paroît que c'est avec fondement. Si les notions que nous sommes capables d'acquérir, ne sont, comme je l'ai fait voir, que différentes collections d'idées simples que l'expérience nous a fait rassembler sous certains noms, il est bien plus naturel de les former, en cherchant les idées dans le même ordre que l'expérience les donne, que de commencer par les définitions, pour déduire ensuite les différentes propriétés des choses.

<small>L'ordre analytique est celui des découvertes.</small>

Par ce détail on voit que l'ordre qu'on doit suivre dans la recherche de la vérité,

---

(1) Je prends les mots de *surface*, *ligne*, *point*, dans le sens des géomètres.

est le même que j'ai déjà eu l'occasion d'indiquer en parlant de l'analyse. Il consiste à remonter à l'origine des idées, à en développer la génération, et à en faire différentes compositions et décompositions pour les comparer par tous les côtés, et pour en découvrir tous les rapports. Je vais dire un mot sur la conduite qu'il me paroît qu'on doit tenir pour rendre son esprit aussi propre aux découvertes qu'il peut l'être.

## CHAPITRE VI.

### Comment on peut se rendre propre aux découvertes.

<small>Il faut se rendre compte des idées qu'on a,</small>

IL faut commencer par se rendre compte des connoissances qu'on a sur la matière qu'on veut approfondir, en développer la génération, et en déterminer exactement les idées. Pour une vérité qu'on trouve par hasard, et dont on ne peut même s'assurer, on court risque, lorsqu'on n'a que des idées vagues, de tomber dans bien des erreurs.

<small>et les considérer dans le point de vue où elles doivent avoir la plus grande liaison avec celles qu'on cherche.</small>

Toutes ces idées étant bien déterminées, ce sont autant de données, qui, étant comparées entre elles, doivent nécessairement conduire à de nouvelles vérités. Tout consiste à suivre, dans les combinaisons qu'on en fait, la plus grande liaison qui est entre elles. Quand je veux réfléchir sur un objet, je remarque d'abord que les idées que j'en ai, sont liées avec celles que je n'en ai pas, et que je cherche. J'observe ensuite que les unes est les autres peuvent se combiner de bien des manières, et que, selon que les combinaisons varient, il y a entre les idées plus ou moins de liaisons. Je puis donc supposer une combinaison où la liaison est aussi grande qu'elle peut l'être ; et plusieurs autres où la liaison va en diminuant, en sorte qu'elle cesse enfin d'être sensible. Si j'envisage un objet par un endroit qui n'a point de liaison sensible avec les idées que je cherche, je ne trouverai rien. Si la liaison est légère, je découvrirai peu de chose ; mes pensées ne me paroîtront que l'effet d'une application violente, ou même du hasard, et une découverte faite de la sorte me fournira peu de lumière pour arriver à d'autres. Mais que je considère un objet par le côté qui a le plus de liaison avec les idées que je cherche, je découvrirai tout, l'analyse se fera presque sans effort de ma part, et à mesure que j'avancerai dans la connoissance de la vérité, je pourrai observer jusqu'aux ressorts les plus subtils de mon esprit et par-là apprendre l'art de faire de nouvelles analyses.

Toute la difficulté se borne à savoir,

<small>dans l'ordre de leur génération.</small> comment on doit commencer pour saisir les idées selon leur plus grande liaison. Je dis que la combinaison où cette liaison se rencontre, est celle qui se conforme à la génération même des idées. Il faut, par conséquent, commencer par l'idée première qui a dû produire toutes les autres. Venons à un exemple.

<small>Exemple.</small> Les Scholastiques et les Cartésiens n'ont connu ni l'origine, ni la génération de nos connoissances : c'est que le principe des idées innées, et la notion vague de l'entendement, d'où ils sont partis, n'ont aucune liaison avec cette découverte. Locke a mieux réussi, parce qu'il a commencé aux sens; et il n'a laissé des choses imparfaites dans son ouvrage, que parce qu'il n'a pas developpé les premiers progrès des opérations de l'ame. J'ai essayé de faire ce que ce philosophe avoit oublié, et aussitôt j'ai découvert des vérités qui lui avoient échappé, et j'ai donné une analyse où je développe l'origine et la génération de toutes nos idées et de toutes nos facultés. J'ai toujours suivi cette méthode dans les systêmes que je vous ai expliqués.

Au reste on ne pourra se servir avec succès de la méthode que je propose, qu'autant que l'on prendra toutes sortes de précautions, afin de n'avancer qu'à mesure qu'on déterminera exactement ses idées. Si on passe trop légèrement sur quelques-unes, on se trouvera arrêté par des obstacles, qu'on ne vaincra qu'en revenant à ses premières notions, pour les déterminer mieux qu'on n'avoit fait.

*Avec quelle précaution on doit avancer dans ses recherches.*

Les philosophes ont souvent demandé s'il y a un premier principe de nos connoissances. Les uns n'en ont supposé qu'un, les autres deux ou même davantage. Je vous ai souvent fait remarquer que le principe de la liaison des idées est le plus simple, le plus lumineux et le plus fécond. Dans le temps même qu'on n'en remarquoit pas l'influence, l'esprit humain lui devoit tous ses progrès.

*La liaison des idées est l'unique cause des progrès de l'esprit humain.*

Mais on ne connoît pas la plus grande liaison des idées, et on la connoîtra mal, tant qu'on s'imaginera que les découvertes sont l'effet d'une grande imagination qui fait de grands efforts. C'est un préjugé qui ne peut que nuire aux jeunes gens qui

*Que les découvertes se font par des moyens fort simples.*

sont nés avec des talens. Qu'ils sachent donc que toutes les découvertes se sont faites d'une manière fort simple, et qu'elles ne pouvoient pas se faire autrement. Je ne crois point diminuer par-là le mérite des inventeurs : car je suis très-convaincu que la simplicité dans l'art de raisonner, n'appartient qu'aux hommes de génie. Eux seuls savent procéder par les voies les plus simples ; cherchez comme eux et méfiez-vous de votre imagination.

## CHAPITRE VII.

*De l'ordre qu'on doit suivre dans l'exposition de la vérité.*

CHACUN sait que l'art ne doit pas paroître dans un ouvrage ; mais peut-être ne sait-on pas également que ce n'est qu'à force d'art qu'on peut le cacher. Il y a bien des écrivains qui, pour être plus faciles et plus naturels, croient ne devoir s'assujettir à aucun ordre. Cependant si par la belle nature on entend la nature sans défaut, il est évident qu'on ne doit pas chercher à l'imiter par des négligences, et que l'art ne peut disparoître, que lorsqu'on en a assez pour les éviter. <small>L'art se cache à force d'art.</small>

Il y a d'autres écrivains qui mettent beaucoup d'ordre dans leurs ouvrages : ils les divisent et soudivisent avec soin, mais on est choqué de l'art qui perce de toutes parts. Plus ils cherchent l'ordre, plus ils sont secs, rebutans et difficiles à entendre : c'est parce qu'ils n'ont pas su choisir celui qui est le plus naturel à la matière qu'ils <small>L'ordre naturel à la chose qu'on traite, est celui qu'on doit choisir.</small>

traitent. S'ils l'eussent choisi, ils auroient exposé leurs pensées d'une manière si claire et si simple, que le lecteur les eût comprises trop facilement, pour se douter des efforts qu'ils auroient été obligés de faire. Nous sommes portés à croire les choses faciles ou difficiles pour les autres, selon qu'elles sont l'un ou l'autre à notre égard; et nous jugeons naturellement de la peine qu'un écrivain a eue à s'exprimer, par celle que nous avons à l'entendre.

L'ordre naturel à la chose ne peut jamais nuire. Il en faut jusques dans les ouvrages qui sont faits dans l'enthousiasme, dans une ode, par exemple : non qu'on y doive raisonner méthodiquement, mais il faut se conformer à l'ordre dans lequel s'arrangent les idées qui caractérisent chaque passion. Voilà, ce me semble, en quoi consiste la force et toute la beauté de ce genre de poésie.

S'il s'agit des ouvrages de raisonnement, ce n'est qu'autant qu'un auteur y met de l'ordre, qu'il peut s'appercevoir des choses qui ont été oubliées, ou de celles qui n'ont point été approfondies.

L'ordre nous plaît; la raison m'en paroît bien simple : c'est qu'il rapproche les choses, qu'il les lie, et que, par ce moyen, facilitant l'exercice des opérations de l'ame, il nous met en état de remarquer sans peine les rapports qu'il nous est important d'appercevoir dans les objets qui nous touchent. Notre plaisir doit augmenter à proportion que nous concevons plus facilement les choses que nous sommes curieux de connoître. *Pourquoi l'ordre plaît.*

Le défaut d'ordre plaît aussi quelquefois: cela dépend de certaines situations où l'ame se trouve. Dans ces momens de rêverie où l'esprit, trop paresseux pour s'occuper long-temps des mêmes pensées, aime à les voir flotter au hasard; on se plaira, par exemple, beaucoup plus dans une campagne que dans les plus beaux jardins. C'est que le désordre qui y règne, paroît s'accorder mieux avec celui de nos idées, et qu'il entretient notre rêverie, en nous empêchant de nous arrêter sur une même pensée. Cet état de l'ame est même assez voluptueux, sur-tout lorsqu'on en jouit après un long travail. *Pourquoi le défaut d'ordre plaît quelquefois.*

Il y a aussi des situations d'esprit favorables à la lecture des ouvrages qui n'ont point d'ordre. Quelquefois, par exemple, je lis Montaigne avec beaucoup de plaisir, d'autres fois j'avoue que je ne puis le supporter. Je ne sais si d'autres ont fait la même expérience ; mais, pour moi, je ne voudrois pas être condamné à ne lire jamais que de pareils écrivains. Quoi qu'il en soit, l'ordre a l'avantage de plaire plus constamment ; le défaut d'ordre ne plaît que par intervalles, et il n'y a point de règles pour en assurer le succès. Montaigne est donc bien heureux d'avoir réussi, et on seroit bien hardi de vouloir l'imiter.

<small>Ce qu'il faut éviter pour avoir de l'ordre.</small> L'objet de l'ordre, c'est de faciliter l'intelligence d'un ouvrage. On doit donc éviter les longueurs, parce qu'elles lassent l'esprit ; les digressions, parce qu'elles le distraient ; les divisions et les soudivisions inutiles, parce qu'elles l'embarrassent ; et les répétitions, parce qu'elles le fatiguent : une chose dite une seule fois, et où elle doit l'être, est plus claire, que répétée ailleurs plusieurs fois.

<small>Ce qu'il faudroit faire.</small> Il faut dans l'exposition, comme dans

la recherche de la vérité, commencer par les idées les plus faciles, et qui viennent immédiatement des sens, et s'élever ensuite, par degrés, à des idées plus simples ou plus composées. Il me semble que si l'on saisissoit bien le progrès des vérités, il seroit inutile de chercher des raisonnemens pour les démontrer, et que ce seroit assez de les énoncer; car elles se suivroient dans un tel ordre, que ce que l'une ajouteroit à celle qui l'auroit immédiatement précédée seroit trop simple pour avoir besoin de preuve. De la sorte on arriveroit aux plus compliquées, et l'on s'en assureroit mieux que par toute autre voie. On établiroit même une si grande subordination entre toutes les connoissances qu'on auroit acquises, qu'on pourroit, à son gré, aller des plus composées aux plus simples, ou des plus simples aux plus composées. A peine pourroit-on les oublier, ou du moins si cela arrivoit, la liaison qui seroit entr'elles, faciliteroit les moyens de les retrouver.

Mais pour exposer la vérité dans l'ordre le plus parfait, il faut avoir remarqué celui dans lequel elle a pu naturellement être

*L'ordre dans lequel la vérité doit être exposée, est celui dans lequel elle a été trouvée.*

trouvée: car la meilleure manière d'instruire les autres, c'est de les conduire par la route qu'on a dû tenir pour s'instruire soi-même. Par ce moyen on ne paroîtroit pas tant démontrer des vérités déjà découvertes, que faire chercher et trouver des vérités nouvelles. On ne convaincroit pas seulement le lecteur, mais encore on l'éclaireroit; et en lui apprenant à faire des découvertes par lui-même, on lui présenteroit la vérité sous les jours les plus intéressans. Enfin on le mettroit en état de se rendre raison de toutes ses démarches : il sauroit toujours où il est, d'où il vient, où il va : il pourroit donc juger par lui-même de la route que son guide lui traceroit, et en prendre une plus sûre, toutes les fois qu'il verroit du danger à le suivre.

*La nature indique elle-même cet ordre.*

La nature indique elle-même l'ordre qu'on doit tenir dans l'exposition de la vérité : car si toutes nos connoissances viennent des sens, il est évident que c'est aux idées sensibles à préparer l'intelligence des notions abstraites. Est-il raisonnable de commencer par l'idée du possible pour venir à celle de l'existence? ou par l'idée du point pour passer à celle du solide? Les élémens des sciences ne seront simples et faciles, que quand on aura pris une méthode toute opposée. Si les philosophes ont de la peine à reconnoître cette vérité, c'est parce qu'ils se laissent prévenir par un usage que le temps paroît avoir consacré. Cette prévention est si générale, que je n'aurai presque pour moi que les ignorans : mais ici les ignorans sont juges, puisque c'est pour eux que les élémens sont faits. Dans ce genre un chef-d'œuvre aux yeux des savans remplit mal son objet, si nous ne l'entendons pas.

Les géomètres même qui devroient mieux connoître les avantages de l'analyse, que les autres philosophes, donnent souvent la préférence à la synthèse. Aussi, quand ils sortent de leurs calculs, pour entrer dans des recherches d'une nature différente, on ne leur trouve plus la même clarté, la même précision, ni la même étendue d'esprit. Nous avons quatre métaphysiciens célèbres, Descartes, Mallebranche, Leibnitz et Locke. Le dernier est le seul qui ne fût pas géomètre ; et

<small>Les philosophes ne le suivent pas.</small>

de combien n'est-il pas supérieur aux trois autres !

Concluons, que si l'analyse est la méthode qu'on doit suivre dans la recherche de la vérité, elle est aussi la méthode dont on doit se servir, pour exposer les découvertes qu'on a faites.

*Bacon est le philosophe qui a le mieux connu la cause de nos erreurs.*

De tous les philosophes, le chancelier Bacon est celui qui a le mieux connu la cause de nos erreurs. Il a vu que les idées qui sont l'ouvrage de l'esprit, avoient été mal faites, et que, par conséquent, pour avancer dans la recherche de la vérité, il falloit les refaire. C'est un conseil qu'il répète souvent. Mais pouvoit-on l'écouter? Prévenu comme on l'étoit pour le jargon de l'école ou pour les idées innées, ne devoit-on pas traiter de chimérique le projet de renouveler l'entendement humain? Bacon proposoit une méthode trop parfaite, pour être l'auteur d'une révolution. Descartes devoit mieux réussir, soit parce qu'il laissoit subsister une partie des erreurs, soit parce qu'il ne sembloit quelquefois en détruire, que pour en substituer de plus séduisantes.

Dans la première partie de cet ouvrage, nous avons expliqué la génération des idées; dans la seconde, nous avons fait voir comment on doit conduire son esprit : c'est tout ce que renferme l'art de penser.

*Conclusion de cet ouvrage.*

FIN DE L'ART DE PENSER ET DE CE VOLUME.

# TABLE DES MATIÈRES.

## DE L'ART DE PENSER.

Il faut à la pensée de l'accroissement, de la nourriture et de l'action, *Page* 1.

---

## PREMIÈRE PARTIE.

De nos Idées et de leurs causes.

### CHAPITRE PREMIER.

*De l'ame, suivant les différens systémes où elle peut se trouver*, pag. 4.

Nos sensations sont l'origine de toutes nos connoissances. Nos besoins sont la cause de leur développement et de leurs progrès. Mauvais raisonnemens des philosophes qui attribuent à la matière la faculté de penser. C'est seulement dans l'état actuel que les sens sont la cause de nos connoissances, et ils n'en sont que la cause occasionnelle. C'est aussi uniquement dans l'état actuel que nous pouvons nous observer. L'ame, après la dissolution du corps, conserve toutes ses facultés. Trois états différens par rapport à l'ame.

## CHAPITRE II.

*De la cause des erreurs des sens*, pag. 13.

Ce ne sont pas nos sens qui nous trompent, ce sont des jugemens que nous formons d'après des idées qu'ils ne nous donnent pas. Les sens ne nous font pas connoître la nature des choses qui sont hors de nous. Comment ils nous donnent des idées. Trois choses à distinguer dans les sensations. Idées claires et distinctes qu'elles renferment. Ces idées sont la source de toutes nos connoissances. Deux sortes de vérités. Observations sur les idées confuses et sur les idées distinctes, sur les vérités contingentes et sur les vérités necessaires.

## CHAPITRE III.

*De la connoissance que nous avons de nos perceptions*, pag. 23.

Premier degré de connoissances. Comment il peut être plus ou moins étendu. Comment des perceptions, que nous ne remarquons pas, influent dans notre conduite. Nous ne remarquons pas le plus grand nombre de nos perceptions.

## CHAPITRE IV.

*Des perceptions que nous pouvons nous rappeler*, pag. 33.

Perceptions qu'on ne rappelle que d'une manière confuse. Les idées d'étendue se réveillent facilement. En conséquence les idées des figures peu composées se réveillent avec la même facilité. Celles des figures fort composées ne se réveillent pas : on ne s'en rappelle que les noms. Secours dont s'aide l'imagination. Idées qui ne se réveillent qu'autant qu'elles sont fort familières.

## CHAPITRE V.

*De la liaison des idées et de ses effets*, pag. 38.

Les besoins déterminent notre attention. Ils font le lien fondamental de nos idées. Les idées ne se retracent qu'autant qu'elles sont liées à quelques-uns de nos besoins. Exemples qui le prouvent. Les liaisons d'idées ont leurs inconveniens et leurs avantages. Elles se font volontairement ou involontairement. Il y en a qui sont nécessaires à notre conservation, et que, par cette raison, on juge faussement naturelles. Il y en a qui sont une source de préjugés, de faux jugemens, de préventions, de folie Comment les liaisons d'idées produisent la folie. Danger des romans. Danger de certains ouvrages de dévotion. Personne n'est tout-à-fait exempt de folie. Pouvoir de l'imagination. Cause de ce pouvoir.

## CHAPITRE VI.

*De la nécessité des signes*, pag. 60.

Nécessité des signes en arithmétique. Si les nombres n'avoient pas chacun des signes, on n'en auroit pas d'idée. Les signes sont nécessaires pour se faire des idées de toute espèce. Ils le sont pour se faire de plusieurs idées une idée complexe. Ils le sont, par conséquent, pour déterminer l'idée que nous nous faisons d'une substance. Ils le sont encore pour déterminer les idées que nous nous faisons des êtres moraux. Combien l'usage des signes contribue à l'exercice de la réflexion et de toutes nos facultés. Mais il faut, dans l'usage des signes, de la clarté, de la précision et de l'ordre. Comme nous ne sommes pas capables de nous en servir toujours avec la même exactitude, nous ne le sommes pas de réfléchir toujours également bien dans tous les genres de connoissances. La justesse de notre jugement dépend de l'exactitude avec laquelle nous nous servons des signes. Mais nous nous servons des mots long-temps avant de savoir nous rendre compte des idées que nous y attachons. C'est l'usage des signes et l'adresse à s'en servir qui fait toute la différence qu'on remarque entre les esprits. Pour travailler avec succès à l'instruction des enfans, il faudroit connoître parfaitement les premiers ressorts de l'esprit humain.

## CHAPITRE VII.

*Confirmation de ce qui a été prouvé dans le chapitre précedent*, pag. 80.

Muet de naissance qui parle tout-à-coup. Questions qu'on auroit pu lui faire. Combien l'exercice de ses facultés intellectuelles avoit été borné. Jusqu'à quel point il avoit été capable de raisonnement. Il s'étoit conduit par imitation et par habitude, plutôt que par réflexion. Il ne savoit pas distinctement ce que c'est que la vie, ni ce que c'est que la mort. De ce que nos idées ne sont déterminées que par des signes, il ne s'ensuit pas que nos raisonnemens ne roulent que sur des mots. Méprises de Locke au sujet de l'usage des signes.

## CHAPITRE VIII.

*De la nécessité et des abus des idées générales,*
pag. 93.

Les idées abstraites sont des idées partielles. Elles ne sont pas innées; elles ne sont pas toutes l'ouvrage de l'esprit. Les sens nous donnent des idées abstraites. Comment nous nous faisons des idées abstraites des facultés de l'ame. Comment nous nous en faisons de toutes espèces. Celles où il entre des combinaisons sont proprement l'ouvrage de l'esprit. Les idées générales ne sont que des idées sommaires. Nous déterminons les genres et les espèces d'après des connoissances souvent bien imparfaites. Les idées générales ne sont nécessaires que parce que notre esprit est borné. La manière de nous en servir supplée à la limitation de notre esprit. Les bêtes ont des idées abstraites. De quel secours les idées générales sont à l'esprit. On est tombé dans l'erreur de les prendre pour des êtres. Cause de cette erreur. Comment on a multiplié ces êtres imaginaires. Comment on a cru connoître, par ce moyen, les essences des choses. Comment on a cru pouvoir donner des définitions des substances. On a réalisé jusqu'au néant. On a réalisé les facultés de l'ame, ce qui a donné lieu à des questions futiles. Les abstractions réalisées ont fait raisonner mal sur l'espace et sur la durée. Pourquoi nous sommes portés à réaliser nos abstractions. Il n'en resulte que des erreurs et un jargon que nous prenons pour science. D'où il arrive qu'on ne peut pas expliquer les choses les plus simples. Exemple de ce jargon.

## CHAPITRE IX.

*Des principes généraux et de la synthèse,*
pag. 120.

Comment les propositions générales ont été regardées comme des principes propres à conduire à des découvertes. L'inutilité et l'abus de ces principes paroissent sur-tout dans la synthèse. Ces principes ne peuvent conduire à aucune découverte. Ils donnent lieu à des démonstrations frivoles. A quoi se borne l'usage qu'on doit faire des principes généraux. Pour arriver à des découvertes, il faut décomposer et composer. Abus des syllogismes. Comment on doit se faire des principes.

## CHAPITRE X.

*Des propositions identiques et des propositions instructives, ou des definitions de mot et des definitions de chose,* pag. 134.

Après avoir observé nos connoissances dans les principes généraux, il les faut observer dans les propositions particulières. Toute proposition vraie est une proposition identique. Comment une proposition identique peut être instructive. Une proposition, instructive pour un esprit, peut n'être qu'identique pour un autre. Pourquoi une proposition, identique en soi, est instructive pour nous. Tout un système peut n'être qu'une seule et même idée. Trois sortes de définitions. Comment les définitions de mot sont des définitions de chose. Recherches inutiles des logiciens.

## CHAPITRE XI.

*De notre ignorance sur les idées de substance, de corps, d'espace et de durée*, pag. 143.

Nous ne connoissons le sujet de nos sensations que par les sensations qu'il éprouve. Nous ne connoissons les corps que par les qualités dont nous les revêtissons. L'étendue et le mouvement sont deux phénomènes que tous les autres supposent. Ces phénomènes ne font pas connoître la réalité des choses. Erreur des philosophes à ce sujet. Idée qu'on se fait de la durée et de l'étendue. Jugement de Descartes et de Newton sur l'étendue. Jugement de Locke sur la durée. La durée n'offre rien d'absolu. Si l'ame pense toujours.

## CHAPITRE XII.

*De l'idée qu'on a cru se faire de l'infini*, pag. 156.

Nous n'avons point d'idée de l'infini. Pour avoir l'idée d'un nombre fini, il n'est pas nécessaire d'avoir l'idée d'un nombre infini. Parce que nous avons l'idée d'un nombre auquel on peut toujours ajouter, nous croyons avoir celle d'un nombre infini. Nous croyons avoir cette idée, parce que nous lui avons donné un nom. Pour reconnoitre ces méprises, il suffit de réfléchir sur la génération des idées des nombres. Les philosophes voient l'infini par-tout. Comment nous imaginons que la matière est divisible à l'infini. Nous n'en pouvons pas conclure qu'elle le soit.

## CHAPITRE XIII.

*Des idées simples et des idées complexes,*
pag. 161.

Toute perception est une idée simple. Différentes espèces d'idées complexes. Comment on connoît les idées simples. Pour connoitre les idées complexes, il les faut analyser. Inutilité des définitions que donnent les philosophes. Defaut de quelques définitions que donnent les géomètres. L'analyse est beaucoup plus propre à donner des idées. Observations sur les idées simples et sur les idées complexes. Avantages des notions des êtres moraux sur les notions des substances.

## CONCLUSION.

*Pag.* 173.

Récapitulation des chapitres précédens.

# SECONDE PARTIE.

Des moyens les plus propres à acquérir des connoissances.

## CHAPITRE PREMIER.

*De la première cause des erreurs*, pag. 176.

Il faut remonter à la source de nos erreurs. Cette source est dans l'habitude de nous servir de mots sans en avoir déterminé les idées. Comment nous avons contracté cette habitude. Comment les erreurs naissent de cette habitude. Elle est l'unique cause de nos erreurs. Elle nous indique la source des vraies connoissances.

## CHAPITRE II.

*De la manière de déterminer les idées ou leurs noms*, pag. 187.

Pour parler avec exactitude, il ne faut pas s'assujettir à parler toujours comme l'usage. Comment les circonstances peuvent déterminer le sens des mots. Les mots dont se servent les savans ne sont pas les plus faciles à déterminer. Les noms des idées simples ont une signification déterminée. Comment on peut déterminer la signification des noms des idées complexes. Précaution qu'il faut prendre. Il faut remonter à l'origine des idées complexes. Il les faut refaire avec beaucoup d'ordre. Deux sortes d'idées complexes. Comment nous devons former les idées des substances. Comment on détermine les notions des êtres moraux.

Différence entre les notions des substances et les notions des êtres moraux. Il ne tient qu'à nous de fixer la signification des mots.

## CHAPITRE III.

*De l'art de soutenir et de conduire son attention et sa réflexion*, pag. 208.

L'expérience est sujette à nous tromper, surtout dans les choses de spéculation. Notre réflexion s'occupe des sensations que nous avons, ou de celles que nous avons eues. En faisant des abstractions, elle se fait des idées intellectuelles. Nous ne saurions réfléchir sans nous occuper de quelques idées intellectuelles. Si les idées intellectuelles, que la mémoire retrace, sont mal faites, nous jugeons mal. Il faut donc s'assurer de la précision des idées que nous confions à notre mémoire, et alors il ne reste plus qu'à savoir soutenir et conduire sa réflexion. Comment les sens la soutiennent. Comment ils la distraient. Ils ne sont pas un obstacle à la réflexion. On peut méditer dans le bruit comme dans le silence. Ce sont les sensations inopinées qui nuisent à la réflexion. Les sens et l'imagination aident la réflexion. Il s'agit seulement d'écarter les idées qui n'ont pas assez de rapport avec celles dont nous voulons nous occuper. Moyens propres à cet effet. Il faut s'observer, pour apprendre à conduire sa réflexion. Les hommes de génie auroient rendu un grand service, s'ils avoient donné l'histoire des progrès de leur esprit. Pourquoi les mathématiciens sont

ceux qui connoissent le mieux l'art de conduire
la réflexion.

## CHAPITRE IV.

*De l'Analyse*, pag. 221.

Conditions nécessaires à l'analyse. Avantages de cette méthode. Analyse complette et analyse incomplette. Les analyses complettes nous donnent des connoissances absolues. Les analyses incomplettes nous donnent des connoissances relatives. L'analyse fait connoitre les facultés de l'ame et leur génération. Si on ne sait pas analyser, on raisonne sans clarté et sans précision. Il y a des rapports que l'analyse ne peut pas apprécier. En quoi consiste la force des demonstrations mathématiques. Méprise à ce sujet.

## CHAPITRE V.

*De l'ordre qu'on doit suivre dans la recherche de la vérité*, page 230.

La même méthode qui a conduit à une découverte, peut conduire à d'autres. Méthode qui réussit en arithmétique. Une pareille méthode réussiroit également dans les autres sciences. Comment on pourroit l'employer. Avantages qui en résulteroient. Elle garantiroit de bien des erreurs. Les philosophes ne se sont trompés que parce qu'ils ne l'ont pas connue. Le doute de Descartes est inutile, et même impraticable. Les idées que Descartes appelle *simples*, ne sont pas celles par où il faut commencer. Il ne faut pas non plus commencer par des définitions. L'ordre analytique est celui des découvertes.

## CHAPITRE VI.

*Comment on peut se rendre propre aux découvertes*, pag. 242.

Il faut se rendre compte des idées qu'on a, et les considérer dans le point de vue où elles doivent avoir la plus grande liaison avec celles qu'on cherche. Cette plus grande liaison se trouve dans l'ordre de leur génération. Exemple. Avec quelle précaution on doit avancer dans ses recherches. La liaison des idées est l'unique cause des progrès de l'esprit humain.

## CHAPITRE VII.

*De l'ordre qu'on doit suivre dans l'exposition de la vérité*, pag. 247.

L'art se cache à force d'art. L'ordre naturel à la chose qu'on traite est celui qu'on doit choisir. Pourquoi l'ordre plaît. Pourquoi le défaut d'ordre plaît quelquefois. Ce qu'il faut éviter pour avoir de l'ordre. Ce qu'il faudroit faire. L'ordre dans lequel la vérité doit être exposée est celui dans lequel elle a été trouvée. La nature indique elle-même cet ordre. Les philosophes ne le suivent pas. Bacon est le philosophe qui a le mieux connu la cause de nos erreurs. Conclusion de cet ouvrage.

FIN DE LA TABLE DES MATIÈRES.

www.ingramcontent.com/pod-product-compliance
Lightning Source LLC
Chambersburg PA
CBHW050334170426
43200CB00009BA/1591